꽃이다, 꽂히다

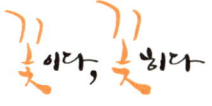

왕준호 지음

책을 펴내며

스물둘.

나에게 스물두 살은 사춘기 보다 무서운 시기였다.

학업, 연애, 일 등 모든 것에 대한 회의감이 한 순간에 밀려왔고 스물둘의 나를 주저앉게 했다. 지금까지의 성취감은 공허함으로 바뀌었다. 더 냉정히 말하면 이를 견뎌내고자 하는 의지조차 사라진 때였다. 앞만 보고 달려왔던 시간들에 지칠 대로 지쳐있었다. 또 다른 무언가를 도전해야 한다는 압박감이 여지없이 나를 짓눌렀다. 한 걸음 더 나아가려 애쓰기 보단 그 자리에 멈춰 나를 돌아보는 시간이 필요했다. 고심 끝에 휴학을 결심했고 언젠간 펼쳐보리라 다짐했던 어릴 적 꿈을 조심스레 꺼내보았다. 막연했지만 항상 품고 있던 간절한 바램, 책 한권 남기는 것. 일단 시작해보기로 했다. 나의 10대와 20대를 거침없고 솔직하게 담아내기로 마음먹었다. 지난날을 성찰하고 나의 경험들로부터 충고를 들으며 앞으로의 인생을 그려보고 싶었다. 글을 쓰면서 난 내 과거의 경험들을 마주했고 그 때의 나에게서 또 다른 울림을 들을 수 있었다. 돌이켜보니 내가 했던 크고 작은 경험 하나하나가 모두 책을 쓰는 과정이었다. 이 책은 그 시절마다 피어낸 나의 옹골진 꽃들에 관한 이야기이다. 아무 것도 몰랐기에 용감할 수 있었고 패배할 줄 몰랐기에 열정적일 수 있었던 그 날의 기억들은 세월이 흘러도 변함없이 선명하다. 한 살 두 살 먹어갈 수록 이상보다 현실이 가슴팍에 와 닿아갈 때면 나는 여지없이 그 날들을 떠올린다. 영원한 추억으로 남을 그 가슴 뜨거웠던 날들을.

책이 나오는 시점은 곧 피어날 벚꽃을 기다리는 봄의 초입 즈음이 될 것 같다. 꽁꽁 여몄던 옷깃을 한 겹 한 겹 내려놓는 걸 방해하는 꽃샘추위가 마냥 밉지만은 않다. 겨울의 서운함을 머금고 있는 마지막 심술을 조금은 너그러운 마음으로 받아주고 싶다. '봄날의 벚꽃은 겨울날 꿈꾸는 벚꽃보다 아름다울 수 없다.'는 말이 있다. 여러 의미가 담겨있지만 간절히 갈망하고 염원하는 것 자체가 최고의 아름다움이라는 것이 가슴에 가장 먼저 와 닿는다. 무언가를 성취했을 때의 기쁨도 크겠지만 이를 성취하기 위한 노력의 시간들, 염원의 순간들이야 말로 진정 가치 있다는 것을 말해주는 건 아닐까. 그 순간순간이 모두 저마다의 향기를 머금은 꽃이다.

이 책은 세 개의 부분으로 나누어져 있다. 첫 번째 부분에서는 학생회장을 비롯한 고등학교 3년간의 시간을 바탕으로 글을 썼고 두 번째 부분에서는 전국고교학생회장모임인 대한학생회 회장으로 활동한 내용들이 담겨져 있다. 그리고 마지막 세 번째 부분은 대학교 2학년 때 한양대학교 홍보대사로 경험했던 일들이다. 내용면에서도 부족한 점이 많고 형식적인 부분 또한 자서전이나 보고서, 에세이 등 어느 한 가지로 규정짓기 어렵다. 시간이 흘러 30대, 40대가 되어 이 책을 펼쳐보았을 때 부족한 내용과 필력에 부끄러울 수도 있을 것이다. 또한 지금 옳다고 여겼던 가치들이 180도 바뀌어 그릇되었다고 생각될지도 모른다. 하지만 경험을 바탕으로 그 속에서 내가 느낀 점을 진솔하고 패기 있게 써내려가기 위해 노력했다. 모범적인 반항아이고 싶었던 한 청년의 좌충우돌 이야기 속 성장통으로 보아 주시면 감사하겠다.

끝으로 이 책이 나오기까지 여러모로 부족함에도 선뜻 출판을 허락해 주신 신아출판사와, 뵐 때 마다 격려를 아끼지 않으신 동암고등학교 은사님들께 고마움을 올립니다. 특히 난삽한 글을 환골탈태 시켜 주시면서 긴 시간에 걸쳐 글쓰기의 자세를 바로 잡아 주신 원기중 박사님께 마음 속 깊은 감사를 드립니다.

2014년 4월 이십대의 사춘기를 보내며
왕 준 호

|추|천|사|

기특한 스물두 살 청년의 내일이 기대됩니다

스물두 살 청년에게 '기특하다'는 표현이 어울릴지 모르겠습니다. 그 청년이 고등학교 때 학생회장을 했고, 학생회장들의 모임에서도 회장을 했고, 대학생이 되어서는 학교를 대표하는 홍보대사로 활동했기 때문만이 아닙니다. 또래들 중에 두드러지는 리더십을 가지고 있어서만도 아닙니다. 스물두 살에 책을 펴낸다는 사실, 정확히는 '항상 품고 있던 간절한 바람, 책 한 권을 남기는 것'을 실천했다는 사실 때문에 기특하다고 말하고 싶어진 것입니다. 생각은 쉬우나 결심이 어렵고, 실천하기는 더욱 어려운 일이 자신의 삶과 경험을 글로 옮기는 일입니다. 보통의 사람들은 스물두 살은커녕 예순두 살이 되어도 결심조차 하지 못하는 일을 실천에 옮길 수 있다는 것은 저 같은 기성세대들에게 기특하고 장하다고 말할 수밖에 없도록 만드는 것 같습니다.

스물두 살 청년에게 '부럽다'고 표현하면 젊음을 시샘한다고 생각할지도 모르겠습니다. 타인 앞에 서는 일을 부끄러워하지 않고,

여러 의견을 한 방향으로 이끌 수 있는 능력은 타고나는 것이 아닙니다. 스스로에게 당당하고 다른 사람과 소통할 줄 아는 사람, 항상 그런 마음을 가지기 위해 노력하는 사람만이 가능한 일입니다. 스물두 살 청년의 젊음이 아니라 그 노력이 부럽습니다.

평소 부모님과의 각별한 인연으로 곁에서 지켜 보아온 스물두 살 청년의 내일이 더욱 기대가 됩니다. 스스로 자신의 장점과 단점을 구분할 줄 아는 현명함, 다른 사람과 사회를 걱정할 줄 아는 배려심 속에 자연스럽게 묻어나오는 리더십이 결코 범상하게 보이지 않기 때문입니다. 이끄는 리더십이 아니라 함께하는 리더십이기에 더욱 기대가 됩니다. 스물두 살 청년이 저처럼 예순두 살의 장년이 되는 모습을 상상해보니 흐뭇한 미소가 퍼집니다. 저자 왕준호와 같은 청년들이 있기에 우리 사회의 미래가 더욱 밝고 풍요로울 거라는 믿음 때문입니다.

2014년 봄날
송 하 진 (제36대, 37대 전주시장)

| 추 | 천 | 사 |

왕대밭에서 왕대 나듯

2011년 어느 봄날이었다.

동암고등학교 강당에서는 '동암학생자치법정'이 개정되고 있었다. 법무부에서 지도 차 담당관이 내려오고, 언론사 기자들은 취재에 열을 올리는 가운데, 전주 시내 남녀 고등학교 학생회장단들이 지켜보는 그런 자리에서, 왕준호 군은, 동암고 학생회장 출신 졸업생이면서 전국고교학생회장 모임인 대한학생회 회장 자격으로 축사를 하고 있었다. 축사를 하는 동안 그는 의연한 자세와 멋진 말솜씨로 좌중을 압도해 나갔다. 참으로 듬직하고 의젓했던 왕 군의 그때 모습이 지금도 생생하다.

'왕대밭에서 왕대가 난다.'고 했듯이, 여기서 필설로 다 형용할 순 없지만, 왕준호 군 부모님의 큰 가르침이, 오늘의 멋진 청년으로 반듯이 세워 놓으신 것을 나는 안다.

노자老子의 『도덕경道德經』에 '기자불립跂者不立 과자불행跨者不行'

이라 했던가. '까치발로는 오래 서 있지 못하고, 보폭을 벌려 걷는 걸음으로는 멀리 가지 못한다.'는 말이거니와, 목표를 이루기 위해서는 결코 서두르지 말고 기본에 충실하라는 가르침인 바, 누구나 그러하듯, 삶에서 항상 전진만 할 수는 없는 법, 그에게도 이제껏 달려왔던 시간에 대해 성찰해보고 미래에 대한 꿈을 다시 정립해 보는 시간이 필요했을 것이다. 그런 의미에서 성취감이 공허함으로 바뀌고 모든 일에 회의감이 밀려올 때, 자신의 과거 경험과 마주하면서 그 울림 하나하나를 글로 엮어 한 권의 책으로 만들어 보고자 한 것은 탁월한 선택이요, 왕 군다운 묘수임에 틀림없다.

그가 서문에서 밝혔듯이, 이 책은 고등학교 3년간의 생활을 바탕으로 썼고, 전국고교학생회장모임인 대한학생회 회장으로 활동한 내용을 담았으며, 대학교 2학년 때 한양대학교 홍보대사로 활동했던 내용을 엮는 등, 세 부분으로 나뉘어져 있는데, 전편을 통해 그가 경험했던 것을 바탕으로 느낌과 생각들을 진솔하고 담담하게 담아내고 있다는 점에서 매우 인상적이라 할 수 있다. 따라서 이 책은, 기성세대들에게는 통과의례처럼 누구나 겪어야 하는 젊은이들의 성장통을 엿볼 수 있는 기회가 되고, 청소년들에게는 자신들의 위치를 가늠해 볼 수 있는 여지를 남김으로써 우리 모두에게 큰 울림으로 다가온다.

끝으로 『꽃이다, 꽂히다』라는 책이 온갖 꽃들이 다투어 피는 이 아름다운 계절에 출간됨을 매우 의미 있게 생각함은 물론, 이 묘수풀이(출간)가 왕 군이 꿈꾸는 꿈에 한 발짝 더 다가가는 계기가 되기를 희망하고, 또한 모든 이의 기대에 부응하는 큰 그릇으로 성장하는 데 오래도록 지침서가 되기를 바란다.

왕준호 군에게 축하와 응원의 박수를 보낸다.

2014년 3월의 끝자락 밤에
전 동암고등학교 교장 벽송 이 병 태

|추|천|사|

열세 살이었던 나의 제자, 이제는 이 아이에게 배운다

열악한 환경에서 담임을 맡았을 때의 일이다.

6학년 교실에서 유난히 콧대가 높은 학생이 있었다. 3월, 그 당당하고 기품 있는 모습이 내 눈에 확 들어왔다. 내 기억 속에 친구들과 욕을 하거나 싸우며 갈등관계를 일으킨 적은 한 번도 없었던 것 같다. 친구들의 잘못을 자기가 했다고 뒤집어쓰기도 하고 아이들 사이 싸움이 일어날 기미가 보이면 조용히 밖으로 데리고 나가 화해를 시키고 마는 아이였다. 아이들도 보는 눈은 있었다. 누가 무어라 할 것도 없이 그 아이는 반회장과 전교 학생회장이 되었다.

준호는 어리지만 사람의 마음을 움직일 줄 아는 묘한 매력을 지닌 아이였다.

훌륭한 리더십을 지닌 보기 드문 아이라고 선생님들이 입을 모으기도 했다. 회장 역할 역시 똑 부러지게 해냈다. 그런 아이가 어느덧 청년이 되어 일기를 펼친다며 부끄럽게 소식을 전해왔을 때 세월의 흐름이 뿌듯하게 느껴졌다. 자신을 뒤돌아보며 살기에는 아직 어린 나이임에도 이 제자의 소식이 마냥 대견하기만 하다.

　한 해 한 해 나이를 먹어간다는 것이 반갑지만은 않지만 이 소식만큼은 소녀처럼 내 마음을 설레게 하기에 충분했다. 준호야! 훗날 너의 기품 있는 꽃을 그리면서 이 설렘을 오래도록 간직하고 싶다.

곽은숙
평화 초등학교 6학년 담임선생님

|추|천|사|

그가 말한다. "재밌게 살자고, 도전을 꿈꾸면서."

'참 재밌게 산다.' 청춘에게 이보다 어울리는 말이 있을까. 단순히 순간순간을 즐기는 것에 그치지 않고 그를 통해 무언가 또 다른 울림을 듣고 전해주려 하는 스물둘 청년의 이야기는 겁이 없다. 도전이 두려운 사람과 도전을 꿈꾸는 사람, 어떤 사람이 되고 싶은지 스스로에게 질문을 던지게 해준다. 그는 새로운 도전에 용감하게 뛰어 들어간다. 성공도 실패도 그에겐 크게 중요치 않아 보인다. 그리곤 그 속에서 아름다운 꽃을 피워낸다. 고통을 감내하고 감사할 줄 알며 피어난 그의 이야기들이 궁금하다면 망설이지 말고 이 책을 펼쳐라. 이제 막 20대의 사춘기를 끝낸 그의 앞날이 어떻게 채워질지 벌써 궁금해진다. 착하게 방황한 청년의 이야기가 많은 이들에게 전달되어지길 바란다.

도현영
한국경제TV 아나운서 『나는 착하게 돈 번다』 저자

목차

- 책을 펴내며
- 추천사

PART 1
세상 어디에도 없는 '나'만의 리더십

친구야 곁에 있어줘서 고맙다 • 20
올빼미족들의 하루 • 27
세상 어디에도 없는 '나'만의 리더십 • 34
'다시'라는 말이 두려운 이유 • 41
나누며 부자 되는 법 • 47
5분의 기다림 • 52
2100년, 국사책 속 우리나라 • 56
'틀린' 네가 아닌 '다른' 우리 • 62
우리 숨결 이어가기 • 69
정치는 다스리는 것이 아니야! • 74
평범해도 괜찮아 • 80
생애 최고의 선물 중 하나 • 84
진짜 일류들이 판치는 세상 • 92
배추벌레의 변신 • 101
스모그 줄이기 • 106

PART 2
미래는 과거를 지배하는 자의 몫이다

| **프롤로그** | 우물을 뛰쳐나온 개구리 • 110
회장 중의 회장으로 내디딘 첫걸음 • 118
당신의 배려, 이웃과의 동행 • 127
미래는 과거를 지배하는 자의 몫이다 • 133
낭중지추, 새롭게 해석된 그날의 기억 • 141

PART 3
오늘을 사는 원동력

| **프롤로그** | 1인 2역의 스물한 살 • 150
임플란트한 사자 구경 오세요 • 157
시골 촌놈이 출세했네 • 161
OLE 올래? 올래가 맺어준 인연 • 167
누구를 위한 격리인가? • 172
오늘을 사는 원동력 • 179

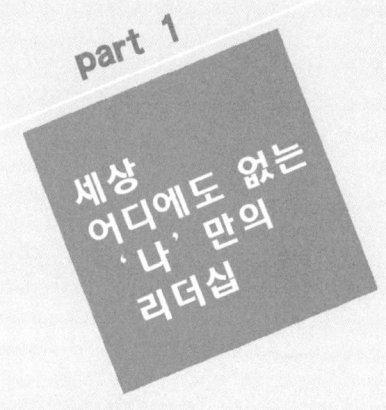

part 1

세상 어디에도 없는 '나'만의 리더십

친구야 곁에 있어줘서 고맙다
올빼미족들의 하루
세상 어디에도 없는 '나'만의 리더십
'다시'라는 말이 두려운 이유
나누며 부자 되는 법
5분의 기다림
2100년, 국사책 속 우리나라
'틀린' 네가 아닌 '다른' 우리
우리 숨결 이어가기
정치는 다스리는 것이 아니야!
평범해도 괜찮아
생애 최고의 선물 중 하나
진짜 일류들이 판치는 세상
배추벌레의 변신
스모그 줄이기

친구야 곁에 있어줘서 고맙다
— 백혈병 친구 돕기 사랑의 헌혈 운동

    고등학교 시절 기숙사 생활을 함께한 친구들은 서로 힘든 일이 있을 때면 고민을 함께 나누는 가족과도 같은 존재이다. 아침부터 저녁까지 보는 걸로는 모자라 야간자율학습이 끝난 후 밤 12시까지 독서실에서 자율학습을 함께한다. 이렇게 온종일을 함께하다 보면 자연스레 친해질 수밖에 없다.
    기숙사 생활 관련 추억이 많지만 유독 기억에 남는 것이 있다. 공부하는 게 좋은 사람이 얼마나 되겠는가만 유난히 공부하기 싫은 날이면 학습실이나 기숙사 침실에서 몰래 PMP로 영화나 드라마를 보곤 한다. 마치 인터넷 강의를 듣는 척 능청맞게 연기하면서 말이다. 괜히 혼자 웃다가 찔려서 주변을 두리번거리며 사감 선생님의 동태를 살피곤 한다. 아마 이때의 긴장감으로 인해 꽤나 수명이 단축됐을 것 같다. 독서실 구조와 비슷한 학습실의 좌석을 한 달에 한 번씩 추첨을 통하여 바꾸게 된다. 대다수가 학습실 입구와 멀리 떨어져 있거나 구석진 자리를 선호한다. 물론 이러한 자리가 비교적 조용해 집중하기에 좋기 때문이기도 하지만 또 다른 이유가 있다. 바로 사감 선생님의 감시를 피하기에 최적화된 곳이기 때문이다. 어지간히 둔하지 않은 이상 사감 선생님의 인기척을 느끼고 영화나 드라마를 인터넷 강의로 둔갑시키기에 충분한 시간을 확보할 수 있는 구석진 자리가 바로 기숙사 명당자리인 이유이다. 열심히 공부하던 친구들에겐 미안하지만 나의 경우를 일반화시켰다고 말하기엔 무릎 치며 공감하는 이들이 생각보다 많을 것이다.

특히 기숙사 침실에서 친구들과 몰래 PMP를 보는 경우가 많았는데 모두들 시간이 지남에 따라 청력이 엄청나게 발달한 소머즈들이 되어간다. 사감 선생님의 발소리를 기가 막히게 알아차리고 순식간에 자는 척 연기를 한다. 기숙사에서 일반인의 청력으로는 절대 그 소소한 기쁨을 느낄 수가 없다.

그렇게 밤을 지새운 어느 날 학년부장 선생님께서 부르셨다. 지난주까지도 기숙사에서 함께 농담을 주고받던 친구가 급성백혈병에 걸렸다는 충격적인 소식을 듣게 됐다. 드라마나 영화에서만 보앉던 일이 막상 현실로 다가오니 머릿속이 하얘졌다.

친구들에게 어떻게 이 사실을 알려야 할지 눈앞이 캄캄했다. 학습실 한편에서 책을 물린 채 무엇을 해야 할지 생각해보았다. 다음 날도 도통 수업에 집중할 수가 없었다. 공부시간 내내 아무 소리도 들리지 않고 공허하기만 했다.

서울로 올라가 치료를 받고 있을 친구에게 용기를 내어 태연한 척 전화를 했다.

"나다. 혼자 학교 빠지니까 기분 좋냐?"

"학교 땡땡이 쳤는데 이렇게 마음 무거운 적은 처음이다. 인마."

"그니까 어여 빨리 돌아와. 우리 다 기다리고 있으니까 치료 잘 받고 와라. 다 잘될 거야. 너무 걱정 말고."

"알았어. 고맙다. 금방 갈게."

전화를 끊자마자 눈물이 났다. 누구보다 힘들 텐데 내색하지 않는 친구의 목소리에 무언가에 얻어맞은 듯 멍해지며 가슴이 뭉클했다. 얼마나 힘이 들까. 나라면 도무지 감당할 수 없을 만큼의 고통이었을 것이다. 친구를 잃을 수도 있다는 생각에 좀 더 잘해주지 못한 아쉬움과 후회가 마음을 짓눌렀다. 1점이라도 더 올리기 위해 뜬눈으로 밤을 지새우며 친구들과 경쟁하는 하루하루가 무슨 의미가 있는지 허탈하기도 했다. 무엇이 더 소중한 것인지 잊고 사는 건 아닌가 하는 공허함이 밀려왔다. 그렇게 며칠이 지났다. 마냥 손 놓고 앉아 있을 수만은 없다고 생각했다. 친구를 위해 무언가 행동으로 옮겨야겠다고 생각했다. 백혈병에 관해 인터넷 검색을 하고 선생님들께 조언을 구하던 차에 백혈병에는 혈액이 많이 필요하다는 것을 알게 되었다.

　학생부 선생님들과 의논하여 헌혈 운동을 전개해야겠다고 마음먹었다. 학생회를 소집하여 사랑의 헌혈 운동 기획안을 친구들에게 내놓자 모두 적극적인 지지를 해주었다. 모두들 투병 중인 친구가 건강한 모습으로 다시 돌아올 수 있다면 무슨 일이든 함께할 수 있다는 각오였다. 각자 학급으로 돌아가 우리의 취지를 잘 설명하고 힘을 모아줄 것을 당부했다.

　대한 적십자사 헌혈버스 3대를 학교에 불러 사랑의 헌혈운동을 전개하였다. 전교생들의 긴 행렬이 이어졌고 그 결과 교내에서 300여 장 이상의 헌혈 증서를 모을 수 있게 되었다. 선생님들께서도 헌혈 증서를 모아주셨고 헌혈이 여의치 않은 친구들은 가족들의 헌혈 증서를 모아 오기도 했다. 그런 헌혈 증서를 보자 가슴 한편이 다시 뭉클해졌다. 이것밖에 해줄 수 없었지만 이거라도 도움이 된다면 그것만으로 감사했다. 많은 수의 헌혈증서보단 학우들의 간절한 마음 때문에 눈시울이 뜨거워졌다. 이곳이 나의 모교인 것이 그리고 이 친구들이 나의 동기인 것이 너무도 자랑스러운 순간이었다. 놀랍게도 우리의 작은 희망은 엄청난 결과로 보상받았다. 우리들의 염원이 잘 전달되었는지 여러 번의 힘든 수술을 이겨낸 친구는 점점 호전되어 기적적으로 완치에 이르렀고 학교에

4일 동암고등학교 2학년 학생들은 백혈병으로 투병하고 있는 오창진군을 돕기위해 헌혈하고 있다.
추성수기자 chss78@

"창진아 빨리 나아라"

동암고 학생들 헌혈로 백혈병 친구 돕기

지난 4일 오전 11시 전주 동암고등학교 교무실 옆에 주차된 3대의 헌혈 차량에는 헌혈을 하기 위해 나선 학생들이 줄을 이었다.

이날 헌혈에 나선 학생들은 최근 백혈병으로 투병하고 있는 2학년 10반 오창진(17)군에게 헌혈증을 전달하기 위한 것이다.

창진군이 급성골수성백혈병 진단을 받은 것은 여름방학이 끝나기 하루전인 지난달 24일.

3~4일전부터 감기 증세로 고생을 했던 창진군은 전주시 완산구 평화동 A병원에서 치료를 받은 후 담당의사가 "피검사를 해보자"고 주문, 이에 응했다가 백혈병 의심 진단을 받았다.

창진군은 곧바로 전북대병원에서 정말 검사를 받은 결과 '급성골수성 백혈병'이라는 최종 진단을 받았다. 창진군은 현재 서울대병원에서 입원했으나 다른 부분 통증으로 면역력이 떨어지면서 항암치료를 받지 못하고 있는 상태다.

이같은 창진군의 안타까운 사연이 알려지면서 동암고 2학생 학생들이 최근 학생회를 열고 헌혈한 후 헌혈증을 창진군에게 기증하기로 결의했다.

동암고 총학생회 2학년 부회장을 맡고 있는 왕준호군은 "투병생활을 하고 있는 창진이가 하루빨리 완치되기를 바라며 '피'를 나눠주기로 결정했다"고 헌혈 참여 배경을 설명했다. 이날 오전 8시30분부터 오후 4시까지 진행된 헌혈에는 2학년생 180여명이 참여했다.
김경섭기자 kskim@

나와 정상적인 학업에까지 임할 수 있게 되었다. 말 그대로 기적이었다. 30%도 안 되는 수술 성공 가능성이 그 친구를 향해 웃어 준 것이다.

예전처럼 기숙사에서 함께 지낼 수는 없지만 친구와 다시 만나 생활할 수 있게 되었다는 것만으로도 충분히 감사했다. 기적은 한 순간에 일어나는 것이 아니라 이렇게 작은 노력들이 쌓이고 모두의 간절한 바람들이 모여 일어나게 된다는 걸 느끼게 되었다.
드라마나 영화와 같은 이야기는 언제 어디서 어떻게 다가와 현실이 될지 모른다.
사람이건 사물이건 나의 옆에 있을 때, 나의 손에 닿을 때 그 순간이 가장 소중함을 알아야 한다. 온전히 나의 소유가 되어버렸다고 느끼는 순간, 그 대상이 나의 곁에 머무른 시간과 소중함의 크기는 반비례되어 간다. 아니 사실 소중함의 크기가 변하는 것이 아닐 수도 있다. 단지 그걸 인지하고 감사하는 그 마음가짐이 줄어드는 것이 아닐까 싶다. 지금 우리 곁에 있는 모든 것에 대한 소중함과 감사의 마음을 표현할 줄 알아야 한다. 시간이 지나 되돌아보았을 때 소중한 것에 감사하지 못한 마음보다 그 감사함을 겉으로 표현하지 못했던 것에 대한 후회가 더 클 것이다.

"창진아, 곁에 있어줘서 고맙다."

톨스토이가 한 말이 문득 생각난다.
'오늘 곁에 있는 사람이 가장 소중한 사람이다.'

올빼미족들의 하루
― 전국 아동·청소년 대표 33인 선정

'엑스는 이 에이 분의 마이너스 비 플러스 마이너스 루트 비 제곱 마이너스 사 에이씨.'

근의 공식. 그놈의 공식들은 뭐 그리도 많았는지. 그중에서도 특히나 이 근의 공식은 헤어진 전 여자 친구의 전화번호마냥 잊고 싶어도 쉽사리 잊히지가 않는다. 마지막 '에이씨'가 참 마음에 와 닿는다.

고 2, 이미 수학 포기자가 반에 창궐하던 시기, 어떻게든 이 추세에 감염되지 않으려고 발버둥쳤다. 애석하게도 옆자리 친구가 수학 시간에 자주 조는 걸 보았다. 이 친구는 수학 포기자는 아니었지만 자도 자도 계속 잠이 오는 잠병에 걸린 친구 중 하나였다.

"야 인간적으로 너 수학 시간에 너무 조는 거 아니냐? 너가 옆에서 퍼질러 자니까 나까지 졸려 죽겠잖여. 난 수학 때문에 힘들어 죽겠고만. 넌 참 잘 자는데도 문제는 또 곧잘 푸는 걸 보면 신기하더라?"

그 친구는 "야! 학원에서 다 배우는데 뭐하러 또 듣냐? 피곤하니까 난 좀 더 잔다."라며 농담 섞인 대답을 했다. 물론 그 친구는 수학 선생님의 진심이 담긴 풀스윙 사랑의 매로 답변을 들어야 했다.

대부분 문과생들의 공통된 고민이겠지만 난 유독 수학 때문에 고생을 많이 했던 것 같다. 중학교 때까지만 해도 수학 점수가 꽤나 잘 나왔기에 고등학교 진학 후 당연히 이과를 가야겠다는 생각을 하곤 했었다. 하지만 고등학교 입학 후 1학년 1학기 수학 내신 성적 4등급을 받은 이후 큰 충격에 휩싸였다. 솔직히 엄청난 충격이었다. 수리는 나름 자신 있었는데 4등급이라니. 그 후로 수리에 자신감도 많이 잃게 되었다. 수리 공부는 얼마 하지도 않는데 성적이 잘 나오는 친구들을 보면 질투도 나고 부럽기도 했다.

우리 학교 수학 선생님께선 칠판에 어려운 문제를 적어두곤 번호를 불러 나오게 해 문제 풀게 하는 걸 유독 즐기셨다. 난 이 시간이 제일 싫었던 것 같다. 앞에 나가서 푼다는 것만으로도 부담이었는데 문제가 잘 안 풀릴 때면 무지하게 창피했다. 내 번호가 불릴 것 같은 날은 어김없이 불려나갔다. 그러던 어느 날이었다. 왠지 내 번호가 불릴 것 같아 미리 문제를 풀어보았는데 어려워 못 푸는 문제가 있었다. 그래서 답지를 보고 외우기 시작했다. 그날 만큼은 신께서도 날 측은히 여기셨는지 마침 그 문제를 나가서 풀게 되었고 자신 있게 답지에 적힌 대로 풀고 들어왔다. 비극의 시작이었다. 선생님께서 칠판을 보더니 "저게 정답이야?"라며 물으셨다. 난 "네. 맞는 것 같습니다."라고 자신 있게 대답했다. 그러자 선생님께선 되물으셨다. "푸는 방법은 맞는데 왜 답이 다르니? 답지랑 짰니?"

그렇다. 답지가 잘못된 것이었다. 정확히 말하면 풀이는 맞고 정답만 잘못된 것이었다. 하늘도 무심하시지 그 많고 많은 문제 중 왜 하필 이 문제의 답이 잘못된 것이었을까. 원망스러웠다. 그리곤 마음을 비웠다. 수학 선생님께선 한동안 수학 시간마다 나를 칠판 앞으로 출석하게 하셨다. 수학과의 악연을 끊고 싶었다. 잘하고도 싶었다. 그 후 학원에도 다녀봤지만 쉽사리 성적은 오르지 않았다. 얼마 지나지 않아 성적 상승의 가장 좋은 방법은 말로만 듣던 자기

주도적 학습이라는 걸 깨닫게 되었다. 사실 말이 거창해서 자기 주도적 학습이지 그냥 '너 자신을 알라.'라는 격언이 더 어울릴 것 같다. 내가 어디가 부족한지 어떤 문제를 계속 틀리는지 스스로 정리하고 보완하기 위한 노력이 필요하다는 걸 느꼈다. 하루에 어려운 수학문제만 30개 이상씩 풀면서 틀린 문제는 다음날 다시 풀어보는 방식으로 학습했다. 이렇게 문제를 풀고 틀린 부분을 정리하다 보면 내가 어느 부분에 취약한지 금방 알 수 있었다. 그러자 꾸준히 수리 점수가 향상되더니 결국엔 3학년 때는 내신 1등급을 맞을 수 있게 되었다. 물론 학원에 다니는 것이 효과가 없다는 이야기는 절대 아니다. 하지만 분명한 건 본인이 부족한 부분을 어떠한 방식으로 보충해야 할지를 파악해서 공부하는 것이 훨씬 효율적이라는 것이다.

이렇게 수학과 한바탕 씨름을 벌이고 있는 도중 국회에서 아동·청소년대표 33인을 선정하여 '심야 학원 교습 금지'에 관한 토론을 개최한다는 사실을 알게 되었다. 전주지역 대부분의 인문계 학교에선 야간자율학습을 하기 때문에 10시 이후에야 하교를 하는 학생들이 대부분이고 많은 학생들이 잠과의 사투를 벌이며 사설학원으로 향하는 피곤한 현실 속에 살고 있다. 일부 기숙사생들은 밤 12시까지 의무적으로 자율학습을 하고 숙소에 들어가 취침을 하거나 심야 학습에 들어간다. 나 또한 이러한 현실에서 자유로울 수 없었기에 가지고 있던 생각들을 한풀이라도 하고자 하는 마음에 아동·청소년대표와 토론에 지원하기로 마음먹었다. 처음엔 막연히 심야교습 금지를 찬성하는 입장이었는데 친구들과 이야기를 나누고 자료를 정리하면서 무조건적인 찬성의 입장이 조금씩 바뀌기 시작했다.

우선 학교에서 '심야학원 교습 금지'에 관한 학생들의 의견도 들어 보고 '심야학원 교습 금지'에 반대하는 내 주장을 정리해 나가기 시작했다.

첫째, 만약 심야교습이 금지된다면 학원에 가기 위해 학교 자율학습을 할 수 없다는 핑계를 만들어 학교와 학생이 대립할 가능성이 매우 커진다는 점이다.

둘째, 새벽반이 성행하게 되어 아이들의 생활습관이 바뀌게 되고 오히려 피로감이 가중되어 학교생활에 집중할 수 없게 된다는 점이다.

셋째, 불법 과외, 고액 과외가 성행하게 되어 교육의 빈부격차가 오히려 더욱 심해질 가능성이 높아질 것이라는 점이다.

또한 아래와 같이 기본권과 평등권의 측면으로 나누어 반대 의견을 정리해서 제출했다.

첫째, 기본권 측면에서 학생의 자율성 침해와 학부모의 자녀 교육권 침해 그리고 학원 운영자의 직업 수행의 자유 침해를 내세웠다.

둘째, 평등권의 측면에서 개인교습을 받는 학생과 그렇지 못한 학생과의 차별성 야기와 지역 간 조례계정 차이로 인한 차별을 야기할 수 있다는 점이다.

이러한 주장을 원고로 정리하여 자기소개서와 함께 제출하였고 전국 청소년 대표 33인에 선정되어 국회에서 토론할 수 있는 자격을 얻게 되었다. 토론은 〈오 마이 뉴스〉에서 인터넷을 통해 생방송으로 진행되었다. 국회에서 33인의 토론자는 찬반 양측으로 나뉘어 3분의 발언 시간을 갖고 각자의 의견을 주장했다. 찬성 측 주장도 귀담아 들을 좋은 내용이 많았다. 심야교습을 제한해서 청소년의 수면시간을 보장하고 건강이 침해되는 일이 없도록 해야 한다는 점이 많은 공감을 얻었다. 끝으로 아동·청소년 대표 모두 임기 동안 청소년의 밝은 미래를 열기 위한 노력을 꾸준히 실천해 나갈 것을 다짐했다. 이날 또 웃지 못할 에피소드가 하나 있다. 우연찮게도 내 옆자리에 앉은 친구의 이름도 준호였다. 그의 이름은 방준호. 왕준호와 방준호가 옆자리에 나란히 앉은 것이다. 내 성도 참 특이하다고 생각했는데 이 친구는 나보다 더한 것 같았다. 생각보다 발음이 비슷해 멀리서 부르면 누굴 부르는 건지 알 수가 없었다. 토론이 진행되는 도중 상대 측에서 하는 질의응답에 둘 중 누구를 이야기하는 것인지 헷갈려 상당히 고생했다. 서로 동시에 대답하기도 하고 서로 눈치만 보며 미루는 등 어리바리한 우리의 모습은 장내를 폭소케 했다.

장시간에 걸친 열띤 토론이 끝나고 방송 기자와의 인터뷰가 있었다. 인터뷰도 방준호와 둘이 나란히 서서 함께 진행했다. 나는 하루빨리 입시위주의 교육정책에서 벗어나 건강한 청소년으로 자랄 수 있는 교육환경이 조성되길 바란다며 급히 인터뷰를 마쳤다.

우리의 주장으로 모든 문제가 해결되는 것은 아니지만 작은 목소리라도 꾸준하게 의견을 표현할 때 비로소 변화들이 시작될 수 있다고 생각한다. 옆자리에서 열심히 잠을 청하는 친구의 어깨를 흔들어 깨우는 일도 소홀히하지 않겠다고 굳게 다짐했다.

세상 어디에도 없는 '나'만의 리더십
― 전국 독서 새 물결 토론대회

중학생 때부터 나는 참 능글맞았다. 외모 탓인지 어려서부터 성숙하다는 말을 자주 들었지만 덕분에 생각보다 재밌는 추억거리도 많았다. 짧은 머리를 가릴 모자 하나만 있으면 PC방에서 밤늦게까지 게임을 할 수 있었고 19세 이상 관람가 영화의 예매 성공률도 꽤나 높았다. 점심시간 축구를 하다 양말에 구멍이라도 나면 땜질하기 위해 교무실로 달려갔다. 선생님들 앞에서 하얀 A4용지로 구멍 난 부분을 메우고 나면 교무실이 온통 웃음바다가 되곤 했다.

고등학교 시절 학교 후문 쪽에 아파트단지가 들어서기 시작하면서 꽤 큰 마트가 생기기 시작했다. 학교 매점보다 다양한 종류의 군것질거리를 보유하고 있는 마트는 우리들에게 신세계였다. 점심

시간이면 학교 후문의 담을 넘어 마트에 다녀오기 시작했고 나 역시 이러한 유혹에 넘어갈 수밖에 없었다. 이틀에 한 번은 담을 넘어 신세계에 다녀왔던 것 같다. 이 사실을 알게 된 학생부 선생님께선 후문 쪽에 CCTV를 설치하겠다고 엄포를 놓으셨다. 하지만 이러한 위협만으론 우리들의 신세계를 향한 갈망을 멈추게 할 수 없었다.

그러던 어느 날 평소 가깝게 지내던 학생부 선생님께서 부르셨다. 별다른 긴장감 없이 학생부실로 들어섰다. 그런데 이게 무슨 일인가. 컴퓨터 모니터에선 내가 담을 넘는 모습이 생생하게 나오고 있었다. 정말로 CCTV를 설치하신 거였다. 어떻게든 상황을 무마하여 살아나가야겠다는 생각뿐이었다. 애써 침착하며 말했다.

"이야~저 힙 업과 탄력적인 허벅지 부드러운 턴 동작까지. 누군지는 몰라도 기가 막힌데요? 예술입니다. 쌤."

선생님께선 어이없다는 듯 웃으셨다. 그리곤 의미심장한 미소와 함께 딱 한마디 하셨다.

"엎드려."

"네."

외마디 대답과 함께 비명소리가 한데 어우러졌다. 그 후로는 오랜 시간이 걸리더라도 절대 담을 넘지 않고 정문을 통해 마트에 다녀왔다. 다시는 담 넘지 않겠다는 다짐도 했다. 아! 딱 한 번! 수능을 보기 전 이미 수시에 합격했던 나는 수능 당일 3교시 외국어영역까지만 풀고 집에 가려고 교실을 나왔다. 하지만 수험장 내부 문이 모두 잠겨 있었고 다시 교실로 돌아가기 민망했던 나는 어쩔 수 없이 복도 창문의 담을 넘었다. 그때 이후론 아직까진 '담은 넘지 않겠다.'는 소신을 나름 잘 지키고 있다.

이런 내 능글맞은 재능을 썩히기 아까우셨는지 고교 논술 지도 선생님께서 토론대회 한번 나가볼 생각 없냐고 물으셨다. '그래, 능글맞은 것도 재능이란 걸 보여드리자. 토론에서 당황하지 않고 능청스레 답변하는 것도 중요한 요소 중 하나이니까.'라는 생각과 더불어 광기가 발동하여 "넵! 명 받들겠습니다."라고 대답했다.

교내 대표 4명을 선발하는 예선전을 통과하니 학교의 명예를 드높이겠다는 사명감에 한껏 기분이 고조되었다. 전라북도 대회에서 2위 안에 입상할 경우 전국 토론대회에 출전할 수 있는 자격이 부여된다. 반드시 2위 안에 입상하여 전국에 있는 고등학생들과 멋진 토론을 해봐야겠다는 실로 오랜만에 학생답고 건설적인 다짐도 했다.

≪한글≫이라는 지정 도서를 읽고 '한글(한국어)이 세계 공용어로서 적합한가?'라는 주제로 토론을 벌였다. 토론대회를 준비하면서 한글에 대해 깊이 생각해 보게 되었고 한글이 얼마나 위대하고 자랑스러운 언어인지 다시 한 번 느끼게 되었다. 한글은 세계문자올림픽에서 그 우수성을 인정받아 2009년에 1차 대회에 이어 2012년 최우수 문자로 2연패를 차지했다. 이 대회는 세계 석학들

이 모여 각 문자의 기원과 구조·유형, 글자 수, 글자의 결합능력, 독립성 등을 평가해 순위를 매기는 것으로 응용 및 개발 여지 등 활용도에 관한 부분도 중요한 요소로 평가된다고 한다. 명실공히 세계 최고의 문자임을 증명한 셈이다.

  토론대회 1주일 전부터 매일 점심시간에 팀원들을 만나 한글의 공용어 사용 찬반에 대해 의견을 나눴다. 자신의 의견을 논리적으로 말하는 것도 중요하지만 팀별 토론인 만큼 토론 순서를 비롯한 전략 전술 역시 승리를 위한 중요한 부분이었다. 나는 마지막 토론자로서 최종 발언자의 역할을 맡게 되었다. 토론 당일 설렘 반 두려움 반으로 대회 장소로 향했고 1차전 여고팀과 맞붙게 되었다. 한글이 세계 공용어로서 적합한지에 찬성 입장으로 토론에 임했다.

  한글은 글자 하나하나가 하나의 소리를 표기할 수 있어 표음문자 중에서도 가장 발달한 음소 문자이며 광대한 표현 영역과 어휘 조합 능력에서도 탁월하다는 주장을 바탕으로 현재 세계 공용어라고 말할 수 있는 영어와 비교하며 아래와 같이 토론을 전개했다.

  첫째, 영어의 Blue를 뜻하는 한글은 파란색이다. 하지만 한글은 파란색만 있는 게 아니다. 푸른색, 퍼런색, 푸르죽죽한색, 시퍼런색, 푸르스름한색 등과 같이 광대한 표현 영역을 가지고 있다.

  둘째, 한글은 자음과 모음이 합쳐져 하나의 단어를 만들게 된다. 그만큼 하나의 음원이 되는 글자가 다양해진다는 점이다. 즉, 어휘 조합능력의 우수성이 탁월하다는 것이다.

셋째, 여타 언어에 비해 월등한 외국어 표기 능력을 갖추고 있다. 물론 외국어를 완벽하게 소화할 수 있는 언어는 없다. 하지만 영어나 중국어 등과 비하면 비교적 효율적인 표기가 가능하다.

이에 반하여 상대측에서는 한글이 세계적인 언어가 되기 힘든 이유를 설명하며 주장을 펼쳐나갔다. 정확히 기억이 나진 않지만 반대 측의 주장은 대강 이러했다.

첫째, 세계적인 언어가 되기 위해서는 해당 국가가 큰 힘을 발휘하거나 문화적으로 심대한 영향력을 끼쳐야 하는데 아직 우리나라는 그러하지 못하다는 점이다.

둘째, 높임말이 많이 발달되어 있어 외국인들이 이를 사용함에 있어 상당한 어려움이 있다. 셋째, 한글을 모국어로 쓰고 있는 사람의 숫자가 절대적으로 부족하다는 점이다.

위와 같은 찬반 양측의 논지를 바탕으로 한 치의 양보 없는 열띤 토론이 전개되었다. 양측 모두 구체적인 사례들과 방안들을 제시하며 전개해나갔다. 하지만 중반부가 지나면서 우리 팀은 상대측의 교차 질의에 적절히 대응하지 못하고 당황하는 모습을 보여주고 말았다. 우리의 주장에는 충실했지만 상대의 공격에 논리적으로 대응하지 못했던 것이다. 최종 스코어 3:1로 패배의 쓴맛을 맛보게 되었다. 결과에 쉽사리 승복하지 못하는 나 자신에 대한 실망과 아쉬움이 쓰나미처럼 몰려왔다. 무엇보다 팀장으로서 팀별 토론에서 혼자 잘하려고 하기보다 좀 더 팀원들을 격려하고 챙겨줬더라면 좋은 결과가 있지 않았을까 하는 자책감에 화가 나기도 했다. 사실 4명의 팀원 중 팀장의 필요성과 중요성에 대해선 미처 생각하지 못했다. 일단 내가 잘하는 것이 무엇보다 중요하다고 생각했다. 4명이 모인 '팀'이라는 개념보단 각각의 '개개인' 4명이 모였다는 생각이 컸던 것 같다. 중요한 것은 몇 명인가가 아니라 한 팀이라는 사실이었는데 말이다.

어느 집단이나 규모와 크기의 차이는 존재한다. 허나 리더십에는 규모나 크기의 차이가 존재하지 않아야 할 것이다. 다만 그 모양이 모두 다를 뿐이다. 우리 각자가 모두 다르기에 그만큼이나 리더십의 모양과 형태도 다양하다. 그러니 '카리스마 리더십', '포용의 리더십' 등과 같이 한 가지의 표면적인 사실에만 얽매이는 리더십을 갖기 위해 애쓰지 않아도 된다.

요즘은 피자도 반반 주문이 가능하고 더 나아가 토핑재료를 원하는 대로 골라 넣을 수 있지 않은가. '나'만의 리더십을 발전시키려고 노력하자. 사람들이 좋아하고 계속 찾을 수 있는, 경쟁력 있는, 이 세상 어디에도 없는 그런 리더십을 말이다.

리더가 된다는 것이 뭔가 거창하고 대단한 일인 것 같지만 결코 아니다. 상대방의 입장에서 한 번 더 생각하고 이를 통해 작은 배려들이 이뤄질 때 훌륭한 리더에 한 걸음 더 다가갈 수 있다고 생각한다. 자신의 장점을 극대화시키고 단점은 보완하는 것. 이러한 작은 노력들이 결국 리더십으로 발휘되고 나만의 큰 무기가 되는 것이다. 잠시 생각해보자. 우린 이미 한 번쯤 누군가의 생각보다 괜찮은 리더였을 것이다.

'다시'라는 말이 두려운 이유
— 전국 독서 새 물결 토론대회 재도전

　1년 전 쓰디쓴 패배의 아픔을 딛고 두 번의 실패는 없다는 결연한 각오로 독서 새 물결 토론대회에 다시 도전장을 내밀었다. 룰이 약간 바뀌어 3:3 토론방식으로 진행된 이번 대회는 ≪세계의 절반은 왜 굶주리는가?≫ 라는 책을 읽고 '세계 각국의 노력을 통해 기아 문제를 극복할 수 있는가?'라는 주제의 토론이었다. 나도 이 대회에 1년간 굶주린 탓이었을까? 책 제목부터 마음에 들었다.
　이제 세계는 지구촌이라는 말처럼 모든 국가들이 하나의 네트워크로 연결되어 있다. 이러한 시점에서 자국의 문제뿐 아니라 세계 이웃나라에 대해 관심을 갖는 것도 매우 중요하다. 공의 어느 한쪽이 찌그러지거나 뭉개지면 제대로 굴러갈 수 없듯 우리가 사는 지구 역시 반쪽 지구로는 결코 풍요로운 삶을 만들 수 없기 때문이다. 마음만은 각국의 노력을 통해 기아문제를 해결할 수 있고 반드시 해결해야 한다고 주장하고 싶었지만 토론은 추첨을 통해 찬·반의 입장에서 진행되므로 양측의 입장을 모두 준비해야 했다.

찬성 측 입장에서는 '각국의 제도적, 물리적 도움이 있다면 기아문제를 충분히 해결할 수 있다.'라는 주장을 필두로 의견을 전개해 나갔고 반대 측 입장에서는 '빈민국의 기득권층의 의식 변혁이 쉽지 않고 과학과 기술의 발전으로는 해결할 수 없는 자연 재해 등의 문제로 인해 기아 문제는 근본적으로 해결이 불가능하다.'라는 입장으로 토론을 진행하였다.

찬성 측 입장에서 토론을 진행할 때 반대 측 입장에 대한 반론은 이러하다. 빈민국의 사회적 구조, 즉 공무원의 부정, 부패 같은 것을 일순간에 없애긴 힘들겠지만 노력조차 하지 않으면 안 된다. 그리고 이러한 노력을 바탕으로 조금씩 변화하다 보면 언젠간 기아문제를 해결할 수 있을 것이다. 세계 각국의 도움을 단지 응급처치일 뿐이라고 말하는데 이런 응급처치라도 해가며 빈민국의 사회 구조를 변화시키기 위한 노력이 동반된다면 충분히 해결 가능하다.

반대 측 입장에서 토론을 진행할 때 찬성 측 입장에 대한 반론은 이러했다. 세계 각국의 제도적, 물리적 도움이 있다면 기아 문제를 해결할 수 있다고 하는데 근본적으로 빈민국의 사회 구조가 변화되지 않는 이상 이는 뜬구름 잡는 소리에 지나지 않는다. 선진국의 구호와 지원은 한계가 있으며 국제기구는 전능하지가 않다. 이러한 현실을 볼 때 선진국이나 국제단체의 구호와 지원이 있더라도 국가 내의 사회질서나 의식이 정비되지 않으면 효율적으로 기아를 해결할 수 없을 것이다. 그렇기에 근본적인 기아 문제 해결은 쉽지 않다.

3학년이기 때문에 마지막 주어진 기회라 생각하고 토론에 필사적으로 임한 결과 드디어 전라북도 대회 우승이라는 감격을 안게 되었다. 칠전팔기까지는 아니지만 어쨌든 쓴맛을 본 뒤에 느낀 단맛은 정말 꿀맛이었다.

우승팀에게는 전국 대회에 출전할 수 있는 기회가 주어졌다. 학교와 도를 대표한다는 책임감으로 더욱 열심히 준비했다. 중간고사 마지막 시험지를 제출하고 바로 전국대회 장소인 강원도 상지대학교로 향했다. 전국 각지에서 예선을 거쳐 올라온 쟁쟁한 팀들이기에 시작 전부터 긴장이 되었다. 선생님께서 늘 가르쳐주신 이성적 판단과 논리적 주장이 잘 전개될지 불안해졌다. 사실 또 패배하면 어떻게 하나라는 생각 때문에 더욱 부담이 컸던 것 같다. 여러 근심 걱정은 잠시 잊고 모두들 최선을 다하기로 다짐하며 토론장으로 들어갔다. 부산의 모 여고와의 대결이 기다리고 있었다. 찬성의 입장에서 토론에 임했다. 시작부터 팽팽한 기싸움이 전개되었다. '세계 각국의 노력을 통해 기아 문제를 극복할 수 있는가?'라는 주제에서 '각국'을 정의함에 있어 의견이 엇갈렸다. 우리 팀의 경우 각국을 빈민국뿐 아닌 선진국을 포함한 전 세계 여러 나라로 정의하였는데 상대 팀의 경우 각국을 기아문제를 겪는 빈민국 자체로만 규정지은 것이었다. 당연히 토론이 원활히 진행될 리가 없었다. 양측 모두 의견을 굽히질 않자 급기야 사회자로 들어오신 고등학교 선생님 중 한 분이 중재에 나섰다. 근데 어처구니없게도 그분께서 각국의 정의를 상대팀의 정의가 이번 토론 주제에 적합하다며 이러한 정의를 바탕으로 토론을 진행하도록 유도하셨다.

 사실 토론 주제를 정의함에 있어 논쟁하는 과정도 토론의 일부분이라고 생각했기에 당황스러움을 감출 수가 없었다. 결과는 불 보듯 뻔했다. 그 후 상대방에게 완전히 끌려가기 시작했고 점수 합계에서도 많은 차이로 패배했다. 너무나도 억울했다. 토론장을 빠져나와 담당 선생님께 말씀드리고 주최 측을 찾아가 항의했다. 상황을 들은 주최 측은 실수를 인정했고 사회를 보신 선생님께선 미안하다며 사과하셨다. 하지만 이미 판결이 난 상황에서 다시 토론을 진행할 수는 없다고 했다. 나도 모르게 그 자리에서 왈칵 눈물이 쏟아졌다. 어떻게 여기까지 올라왔는데 실력 발휘도 못해 보고 집으로 돌아가야 한다는 사실이 너무나 분했다. 준비한 것들을 그 자리에서 모두 쏟아붓고 패배했더라면 훨씬 덜 억울했을 것 같다. 스포츠 경기에서 종종 나오는 '오심도 경기의 일부분이다.'는 말이 떠올랐다. 누가 한 말인지는 모르겠으나 당사자가 되어 보니 그 말은 쉽사리 수긍할 수 없었다. 이 대회를 위해 두어 달 준비한 나도 이렇게 억울한데 올림픽과 같은 큰 경기를 위해 4년이란 긴 시간을 준비한 선수들의 노력이 오심으로 인해 물거품이 되어버렸을 때의 기분은 감히 상상조차 할 수 없었다. 화장실에서 한 30분은 울었던 것 같다. 담당 선생님의 위로로 겨우 마음을 추스르고 전주로 돌아오는 차에 몸을 실었다. 준비 과정에서 어려움도 많았고 비록 마지막 대회에서 우승은 못했지만 나름의 배움이 있었다고 생각하며 스스로 위안했다. 한 번 더 도전할 수 있는 기회가 없다는 사실이 안타까울 뿐이었다.

두 번의 대회와 토론을 통해 좀 더 이성적으로 생각하고 논리적으로 말하는 방법을 배웠다. 허나 무엇보다 큰 성과는 '다시'라는 단어가 더 이상 두렵지 않다는 점이다. 지는 걸 좋아하는 사람은 아무도 없을 것이다. 실패에, 패배에 익숙해지다 보면 좀 더 결과에 의연해질 수 있을까? 난 절대 아닐 것 같다. 매번 실패하고 패배할 때마다 아쉬워 할 것이다. 헌데 중요한 건 '다시' 도전하고 싶은 마음이 굴뚝같을 것이고 기회가 있는 한 계속 도전할 것이다. 이전에도 그랬었고 앞으로도 그럴 것이다.

우리는 살면서 수많은 실패들을 마주하게 된다. 이미 한 번 실패를 맛봤다는 생각에 '또 실패하면 어쩌지'라는 두려움과 마주하게 된다. '다시'라는 말이 주는 두려움은 생각보다 크다. 하지만 '다시'

가 두려운 이유는 '이미'라는 말 때문인 것 같다. 이미 실패한 기억, 이미 아팠던 기억, 이미 포기했던 기억들이 다시 시작하는 것을 가로막는 경우가 많다.

 한 번 겪어봤기에 더 잘할 수 있다는 자신감으로 잠시 잊고 있었던 것들, 미뤄뒀던 것들에 도전해보자.

나누며 부자 되는 법
— 지역아동센터 지원 도서기증 운동

 평소 어머니께선 책이나 옷, 신발, 생활도구 등 쓰지 않는 물건들을 모아 아름다운가게에 기증하거나 주변의 필요한 분들께 전해 주신다. 모으고 분리하여 전달하는 약간의 번거로움이 있지만 적재적소에 더 알뜰히 쓰여지길 바라는 마음 때문이란다. 어머니의 이런 모습은 자연스럽게 나눔 공동체의 삶을 깨닫게 해주셨고 곧 우리 자신들을 그러한 일에 동참시킴으로써 서로가 소중한 동반자임을 일깨워 주셨다.
 사실 어린 시절엔 온전히 내 것이었던 물건들을 누군가에게 준다는 것이 마냥 달갑지만은 않았다. 아니 솔직히 말하면 싫어했던 것 같다. 무언가 소유하고 싶은 욕심이 많아서였는지 몰라도 평소에 잘 사용하지 않는 물건도 뭔가 남을 준다는 것에 대한 거부감이 있었던 것 같다.

여섯 살이었던 걸로 기억한다. 아파트 옆집에 살았던 두 살 많은 형이 우리 집에 놀러와서는 한창 유행했던 게임보이를 혼자서만 하는 것이 아닌가. 옆에서 내 거니까 나도 좀 하겠다고 해도 연신 알았다는 말만 하며 정작 시켜주지는 않았다. 거기서 그치지 않고 게임팩을 빌려가서는 며칠이 지나도 돌려주지 않았다. 그 어린 나이에 나의 소중한 물건을 빼앗겼다는 기분에 얼마나 억울했는지 모른다. 더 이상 참지 못하고 직접 옆집에 찾아가 형에게 게임팩을 달라고 했다. 들은 척도 않고 게임만 하는 형을 보자 분에 겨워 나도 모르게 이성을 잃었다. 그 자리에서 때려눕히고 코피 터지게 하는 걸로 나름의 복수를 하고 게임팩을 되찾아왔던 기억이 난다. 자주 하지도 않는 게임팩인데 단지 내 것이라는 사실만을 중요하게 생각했던 것 같다.

시간이 지나고 바자회나 아나바다 운동 등에 참여함으로써 이런 마음은 조금씩 바뀌어갔다. 자의든 타의든 나눔에 동참하는 기회가 늘어갈수록 욕심은 줄어갔다. 정든 물건을 건네준다는 것이 쉬운 일도 아니고 이때 드는 아쉬움도 크지만 좀 더 필요한 곳에서 잘 쓰여진다고 생각하니 점점 마음이 뿌듯해지고 즐거움을 느낄 수 있었다. 하루는 민주평화통일자문회의 전주시협의회 주관으로 지역아동센터 보호를 받는 학생들에게 도서기증운동을 전개한다는 소식을 듣게 되었다. 지역아동센터는 사회적 돌봄이 필요한 아동들을 위해 정서적인 지원과 다양한 교육을 실시하는 곳으로 알고 있다. 조금이나마 시간을 내서 책 모으기 운동에 동참해야겠다고 생각했다. 일단 집 안에 보지 않는 책들을 정리했다. 정리하다 보니 그동안 읽었던 책들에 대한 기억들이 흐릿하게나마 다시 떠올랐다. 그중 한 책을 꺼내어 보는데 놀랍게도 '함께할 때 기쁨이 배가된다.'라는 문구가 우연히 눈에 띄었다. 도서기증운동을 나 혼자만 하는 것보단 교내 친구들과 함께하면 더 의미 있지 않을까라는 생각이 들었다. 나누려 했는데 오히려 뭔가를 얻는 기분이었다. 물론 한 시도 가만 있질 못한다고 친구들에게 한 소리 들을 건 분명했지만 이런 일이라면 충분히 기쁜 마음으로 핀잔을 들을 준비가 되어 있었다.

　이러한 내 생각을 먼저 교장 선생님께 말씀드렸다. 나의 가장 든든한 지원군이었던 교장 선생님께선 이런 일이라면 언제든지 환영이라고 말씀하시며 수십 년간 보아온 책들을 별도로 정리해서 아름다운 가게에 전달해 주셨다. 학생부 선생님들의 도움을 받아 각 반 실장들에게 이 행사에 대한 취지를 설명하고 책 모으기 운동에 동참해 줄 것을 부탁했다. 일주일 동안 진행된 도서기증운동으로 다양한 도서가 모아졌다. 좋은 일 한다며 격려해주시는 선생님들의 한 마디 한 마디가 큰 힘이 되었다. 마감일에 미처 책을 가져

오지 못해 미안해하며 다음번에는 꼭 미리 챙겨오겠다는 후배들에게 지금 몰래 읽고 있는 만화책이라도 내놓으라며 농담을 건넸지만 뿌듯한 마음에 절로 입가에 미소가 지어졌다.

한 권 한 권 아이들이 기증한 책들이 쌓여 가는 걸 보니 그 책들의 권수만큼이나 어느새 내 마음도 뿌듯해져 갔다. 십시일반 모은 책들이 아이들에게 큰 희망과 꿈을 심어주는 밑거름이 될 거라 생각하니 몸도 마음도 가벼워졌다. 그리고 많은 분들이 다양한 방법으로 나눔 기부에 동참하는 것을 보았다. 누군가 알아주지 않아도 묵묵히 남을 위해 봉사하고 나눔을 실천하는 사람들을 보았다. 아직도 봉사와 나눔이라는 단어에 익숙하지 못한 내 자신을 돌아보게 했다. 나에겐 특별한 순간이 누군가에겐 일상이었겠구나 생각하니 다시 한 번 고개가 숙여졌다. 우리가 무언가를 나눈다는 건 단지 물질적인 것을 주고받는 것에 그치지 않고 좋은 추억과 따뜻한 마음을 공유하는 것이 아닐까?

  매번 다짐만 해왔던 일들을 좀 더 적극적으로 실천해야겠다고 마음먹었다. 그날 이후 풀지 않는 문제집이나 보지 않는 책들을 자주 찾아보게 되었고 친구들에게 주는 것이 전혀 아깝지 않았다. 물론 그중 몇 권은 도무지 풀 엄두가 안 나서이기도 했지만 나보다 더 의미 있게 사용할 수 있는 누군가에게 전해주는 것만으로 마음이 더욱 풍족해질 수 있음을 알게 되었기 때문이다.

5분의 기다림
— 아름다운가게 나눔 보따리 행사

　아름다운 나눔 보따리 행사는 매년 설 전 아름다운 가게의 수익금 일부로 쌀을 구입하고, 후원기업들의 물품을 모아 독거노인, 소년소녀가장, 조손 가정 등을 직접 방문하여 쌀과 물품을 전달하는 행사로 사회 소외계층에 대한 관심과 나눔 공동체의 삶을 체험하는 뜻 깊은 행사다.
　평소 아름다운 가게에 관심을 가지고 지원을 하시던 어머니와 함께 쌀 나눔 행사에 참여하기로 마음먹었다. 어머니께서는 차량 지원을 하시고 나는 쌀을 직접 배달하는 배달 천사를 지원했다. 물론 천사라는 단어가 나에게 가당치는 않았지만 이날 하루만큼은 어르신들을 위한 수염 난 천사가 되어 보기로 마음먹었다. 20kg의

쌀을 어깨에 메고 다른 한 손으로 물품을 든 채 계단을 오르는 일은 쉽지 않았지만 너무나 좋아하며 반겨주시는 할아버지, 할머니들을 뵐 때면 피로가 한순간에 사라지곤 했다.

작은 수고가 나를 행복하게 만드는 시작임을 다시 깨닫게 되는 순간 차가운 공기는 한없이 상쾌했다. 어르신들을 만나뵐 때면 집에 계시는 할아버지, 할머니 생각이 났다. 친할아버지께선 아버지 세 살 때 돌아가시고 친할머니께선 부모님 결혼식 보름 전에 세상을 떠나셨기 때문에 사실 얼굴조차 뵙지 못했다. 하지만 여섯 살이 되던 해 서울에서 전주에 있는 외가로 이사 오면서 스무 살 대학에 진학할 때까지 외할아버지, 외할머니와 꽤 긴 시간을 보낸 나로서는 어르신들과 함께하는 시간이 전혀 어색하지 않았다. 지금도 전주에 내려가면 외할머니를 붙잡고 꼭 한 시간씩 이야기를 나눈다. 물론 내가 하는 이야기를 전부 다 이해하진 못하겠지만 손주와 이야기 나눈다는 것만으로도 즐거워하시는 것이 눈에 보이기 때문에 개의치 않고 나 혼자 조잘조잘 잘도 떠들어댄다. 이제는 훌쩍 커버린 나를 올려다보시지만 난 아직도 할머니의 손길이, 고유의 향기가 그립다. 어릴 적 TV에서 무서운 장면이 나오면 할머니 품에 꼭 안겨 한참을 눈 감고 있던 그때처럼 종종 할머니 품이 그립다.

가장 기억에 남는 방문은 도착 전 전화 연결이 되었음에도 불구하고 초인종을 누르고 5분여 정도가 지나도록 아무 소식이 없던 한 할머니 댁이었다. 생각보다 길어지는 문 앞 대기시간에 땀을 닦으며 그냥 돌아서려는 생각도 했다. 얼마나 시간이 흘렀을까. 나지막한 목소리가 들려왔다. "미안해요. 지금 나가고 있어요." 그러고 나서도 얼마나 지났을까. 마침내 문이 열렸고 앉은 채로 문 앞에 계시는 할머니가 보였다. 다리가 불편한 이유로 문 여는 시간이 오래 걸려 미안하다는 할머니의 말씀에 난 연신 "괜찮아요. 괜찮습니다."라는 말밖에 할 수 없었다. 단 5분도 즐거운 마음으로 기다리지 못한 내 자신이 한심해지는 순간이었다. 좁은 입구를 들어서서 필요한 위치에 물건들을 놓아 드리자 할머니께선 연신 고맙다며 내 어깨를 토닥여 주셨다. 잠시나마 할머니의 말동무가 되어 드린 후 따뜻한 손을 놓고 문을 나섰다.

밖으로 나와 아파트 복도 난간에 기대어 한동안 멍하니 서 있었다. 분명 좋은 일을 하고 나왔는데 마음 한편이 불편했던 건 왜였을까? 생각보다 어려운 환경에 처해 있는 사람들이 많았다. 그들이 잘 보이지 않는 것이 아니라 어쩌면 보려는 마음조차 없는 것인지도 모른다. 나 역시 문 하나를 사이에 두고 내 멋대로 생각하고 뒤돌아서려 했다. 10m도 안 되는 거리를 나오기 위해 할머니는 그 긴 시간이 걸렸다. 난 10층 높이의 계단을 왕복하고도 남을 시간이 었는데 말이다.

어쩌면 우리는 점점 더 큰 문을 만들어가며 사는 건 아닐까? 물질적인 만족만을 위해 앞만 보고 달려가다 보면 주위의 소중한 소리들은 듣지 못하게 될 것이고 보이지 않아 못 보는 것이 아니라 보려하지 않아 못 보게 될 것이다. 문을 열고 따뜻한 손길을 내밀기 위해 좀 더 노력해야 할 것이다. 아니 적어도 그걸 인지하려는 마음가짐 정도는 가져야 하지 않을까. 여러모로 부끄러운 하루였다.

2100년, 국사책 속 우리나라

— 통일 골든벨

"왕 동무, 가까이 오지 말라우. 어디 한 발짝만 더 움직여 보라우."

"고저 내래 잘못했으니까 내 닭다리 날래 내려 놓으라우. 2주에 한 번 나올까 말까 한 내 닭다리한테 무슨 일 생기면 가만두지 않가쓰."

급식시간에 친구들과 북한말을 따라하며 장난치곤 했다. 영화나 드라마에 나오는 북한말을 따라할 때면 외국어를 한다기보다는 친근한 사투리를 하는 것 같았다. 달리 보면 외국어를 하나 더 할 수 있는 거라고 웃으면서 말할 수 있겠지만 것보단 왠지 씁쓸한 생각이 든다. 이야말로 남북의 현실이 아닐까. 분명 지금은 '우리'라는 말이 어색한데 그래도 마냥 그들이라고 말하기엔 뭔가 찜찜

한 기분처럼 말이다.

　중학교 때 금강산 육로관광을 다녀온 이후로 북에 대한 관심을 비교적 꾸준히 가지고 있었다. 이러한 관심 중 하나로 민주평화통일자문회의라는 단체를 알게 되었고 이곳에서 주최하는 청소년 통일 골든벨에 출전했다. 청소년의 바람직한 통일관을 정립하고 통일 시대를 주도적으로 이끌어나갈 통일세대 역량강화를 위한 취지의 대회였다. 물론 이러한 취지도 좋았지만 것보단 드디어 나도 TV에서만 보던 골든벨의 화이트보드를 당당히 들어 올릴 수 있다는 생각에 더욱 들떠 있었다. 각 학교 대표로 2인 1팀 총 150여 명이 출전했고 예선을 거쳐 20개 팀이 본선에 진출했다.
　평소 남북문제에 관심이 있었기에 이와 관련한 기본상식은 꽤 있다고 생각했다. 하지만 기초 지식으로는 부족했기에 인터넷이나 책을 통해 관련 자료들을 살펴보았다. 특히 민주평화통일자문회의에서 발행하는 ≪통일 시대≫라는 월간호가 많은 도움이 되었다. 이 월간지에는 북에 관련된 다양한 자료들을 비롯하여 통일에 관한 남북의 현 실태와 대북정책에 관한 내용이 자세하게 담겨 있었다. 이 중에서도 특히 북한의 언어와 문화에 관련된 부분들을 중점적으로 살펴보았다.
　기숙사 학습이 끝난 자정 이후에 각종 자료를 수집하고 정리하는 일은 쉽지 않았다. 이런 것 하면 명문대학 못 간다는 사감 선생님 말씀에 주눅이 든 것도 사실이다. 나라고 명문대 가고 싶은 마음이 없었겠는가. 하지만 잠을 줄여서 부족한 공부를 좀 더 할지언정 이 시기에 해보고 싶은 일, 할 수 있는 일들을 포기하고 싶지는 않았다. 그리고 이미 시작한 일이니 할 거면 제대로 해보자는 생각이 들었다.

  선생님의 따가운 눈총과 싸우면서 북한의 사회체제와 한반도 분단사를 정리하고 함께 출전하는 친구와 자율학습을 조절해가며 대회를 준비했다. 암기력이 좋지 않았던 나는 자료 정리를 하며 구체적인 내용들을 체계적으로 정리하는 것에 중점을 두었다. 친구의 경우 정리된 내용을 바탕으로 암기하는 것에 주력했다. 역할 분담을 하니 훨씬 효율적이었다.

  골든벨 당일 마지막 문제였던 것 같다. 정확히 기억나진 않지만 남한과 북한의 정치회담에 관련된 문제였다. 등잔 밑이 어둡다고 했던가. 언어와 문화 등 북한 내적인 부분에 중점을 두고 준비하느라 미처 우리나라와 관련된 내용은 제대로 공부하지 못했던 것이다. 도무지 정답을 알 수가 없었다. 머릿속처럼 새하얀 정답지를 들어 올릴 수밖에 없었다. TV에서 본 골든벨처럼 '친구들아 미안하다.'라도 적어내고 싶었지만 우리 학교 학생이라 해봤자 친구와 나, 단둘뿐이었기에 그럴 수도 없었다. 정답을 적지 못한 채 화이트보드를 들어 올리는 학생들의 심정을 격하게 이해했다. 비록 우승하진 못했지만 운 좋게도 2등에 해당하는 민족 통일상을 수상하는 영예를 얻었다. 이럴 때면 항상 고진감래라는 성어가 제일 먼저 떠오른다.

중학교 때 독일의 베를린을 방문한 적이 있었다. 독일과 베를린의 상징이라고도 할 수 있는 베를린 장벽을 가장 먼저 찾았다. 베를린 장벽은 1961년에 동독 정부가 서베를린으로 탈출하는 사람들과 동독 마르크의 유출을 방지하기 위하여 축조하였고 오랜 기간 동·서 냉전의 상징물로 인식되어 왔다. 분단의 아픈 기억을 잊지 말자는 의미로 이젠 장벽의 일부분만이 남겨져 있다.

독일에서 본 여러 건축물을 접할 때와는 사뭇 느낌이 달랐다. 아직도 현재 진행형인 우리의 아픈 역사가 생각나서였을까. 아니면 우리에게도 언젠간 이런 순간이 왔으면 하는 부러움 때문이었을까? 물론 독일의 통일이 동서 간의 모든 문제를 해결하진 않았다. 동독인들의 취업난, 경제난 등 다양한 문제점이 사회문제로 대두되었다. 우리나라 또한 통일 과정에 있어 가장 걱정하는 부분 중 하나가 '통일비용'이다. 이에 관련하여 호르스트 쾰러 전 독일 대통령이 한 말이 가슴에 와 닿는다. "많은 한국 학자들이 통일의 재정적 부담을 우려하고 있는데, 자유와 평화를 누리고 산다는 사실은 돈으로 계산할 수 있는 것이 아니다."

현실적인 시각에서 바라보더라도 우리가 더욱 걱정해야 할 것은

'통일비용'이 아닌 '분단비용'이지 않을까란 생각이 든다. 현대경제연구원에서 조사한 통일 비용 및 통일 편익 추정치를 비교해 보면 통일 순 편익이 흑자인 것으로 나타나 있다. 분단의 족쇄에 익숙해져서 편협적인 시각만을 가지게 되어 버린 건 아닌지 반성하게 된다. 그렇다면 우리는 무엇을 어떻게 준비하고 통일 시대를 대비해야 하는 걸까? 독일정부는 통일 과정에서 국가분단과 민족대립을 극복하기 위해 중단 없는 노력의 필요성을 우리에게 시사해 줬다. 현재 우리나라는 통일에 대한 국민들의 적극적 의지와 관심이 결여되고, 통일 미래상에 대한 기대와 확신이 부족한 상황이다. 통일은 더 큰 대한민국과 선진일류국가를 위한 필수 요건이며 우리 민족이 감당해야 할 역사적 소임이라는 전제의식이 필요하다. 정치적, 경제적 부분에 있어서의 노력도 중요하지만 통일을 이룩함에 있어 초석이 되어야 할 부분은 문화적 측면이라고 생각된다. 전통문화재 발굴 및 복원 등과 같이 상대적으로 정치이념에서 자유로운 역사, 문화 등의 교류를 우선적으로 추진해야 한다. 이산가족이나 납북자들의 영상기록 보존 작업 추진과 더불어 사회문화교류의 제도화와 같은 노력들도 필요하다. 〈아리랑〉을 부르며 함께 웃을 수 있고 일제 침탈의 아픈 역사에 같이 눈물 흘리는, 광활한 중원을 함께 달리던 유구한 역사의 동반자이자 찬란한 문화를 함께 꽃피웠던 반려자였음을 잊지 않아야 한다.

155마일 휴전선이 걷히고 통일된 우리 조국의 미래를 그려보았다. 외교적인 측면에서 중국과 일본, 미국과 중국, 러시아와 미국 등의 중재적 위치에서 서로를 이어주고 분쟁을 조정하는 조정자의 역할을 할 수 있을 것이다. 문화적인 측면에서 보면 접근성의 용이함으로 아시아 문화의 중심이자 메카로 자리 잡을 수 있을 것이다. 국제 금융시장을 주도하는 대표적인 투자은행인 골드만삭스는 한반도 통일 시 30~40년 내에 G7국가를 추월하게 될 것이라고 말했을 정도로 경제적 측면에서도 강대국으로 우뚝 설 수 있다. 또한 한 세대 만에 산업화와 민주화를 이뤄낸 사례로 자유민주주의 확산에도 기여할 수 있을 것이다. 물론 이러한 긍정적인 미래관은 정치, 경제, 문화 등과 관련 통일에 필요한 요소들이 제 역할을 했을 때 가능한 일일 것이다.

언젠가 시간이 지나 지금 이 순간이 역사가 되었을 때를 그려본다. '아주 오래전 삼국시대에 고구려, 백제, 신라가 있었고 후에 통일이 이뤄졌다. 그 후 남북이 잠시 분단되었지만 한민족이라는 공동체의식을 바탕으로 다시 통일을 이뤘다.'라고 역사책에 기록되어지길 바란다.

바로잡아야 할 역사도 있지만 다시 써야 할 역사 또한 존재하는 우리의 현재이다.

'틀린' 네가 아닌 '다른' 우리
— 청소년 통일축제 기획

난 어릴 적 겁이 참 많은 아이였다. 좀 미화시키자면 이것저것 걱정이 많았던 것 같다. 어머니 말로는 초등학교에 입학할 때까지 혼자 엘리베이터도 타지 못했단다. 초등학생 땐 군대에 가야 한다는 사실이 너무나 싫었다. 군대에 간다는 것이 꼭 전쟁을 하러 가는 것만 같았다. 군 입대는 곧 북한군과의 전쟁이라고 생각하던 시절이었다. 통일이 되면 군대에 가지 않아도 된다던 삼촌의 말에 '제발 내가 군대 가기 전에 통일이 돼라.'며 속으로 기도도 많이 했던 것 같다. 군대 그리고 자연스레 이와 연상되는 북한이 막연히 두렵고 무서웠다.

이처럼 나름 간절한 기도를 하던 초등학교 시절이 지나고 중학

생이 된 후 우연찮게 교육청 지원 금강산 육로 관광프로그램에 추천되었다. 솔직히 말하면 그땐 북에 간다는 것이 두려웠다. 함께 가자는 사회 선생님의 권유에 알겠다고 대답하긴 했지만 출발 하루 전날까지 엄청 긴장했던 것 같다. 그때까지만 해도 북에 대한 이미지 하면 강력한 핵무기, 잔인한 특수부대가 가장 먼저 떠오를 만큼 거부감이 들었었다.

전날 밤 잠도 제대로 못 잔 채 버스를 타고 금강산으로 향했다. 군사분계선을 지나자 잠시 검문이 있었다. 북한 군인이 직접 차에 올라타더니 이곳저곳 살펴본 후 내렸다. 그 순간 별의별 생각이 다 들었다. '아, 이대로 북에 갔다가 영영 못 돌아오는 건 아니겠지.' '총 안에 진짜 총알이 들어 있을까? 괜히 온다고 했어.' 차라리 갑자기 아파서 다시 집으로 돌아갔으면 좋겠다는 생각까지 했다. 차창 밖으로 보이는 모습들이 을씨년스러웠다. 숙소에 도착한 후 잠시 휴식을 취하고 금강산에 올랐다. 긴장한 마음을 풀고자 귀에 익숙한 노래 〈그리운 금강산〉을 억지로 흥얼거리며 산행 길에 접어들었다. 잠시 후 3~4명의 북한군이 산비탈에서 무언가를 하던 중 나와 눈이 마주쳤다. 초췌한 얼굴이 꽤 나이 들어 보였다. 얼른 시선을 돌렸지만 이미 쿵쾅거리는 가슴은 쉽사리 진정되지 않았다.

일정이 끝날 때까지 계속될 것 같던 무거운 마음도 금강산의 아름다운 자연 경관을 보자 조금씩 누그러들었다. 형형색색 화려한 꽃들이 푸른 나무들 사이로 고개를 내밀고 있었다. 또한 차가울 것만 같던 북한 사람들의 태도가 예상과는 달리 너무나 친절하였으며 거부감보단 오히려 친근감이 들 정도였다.

"먼 길 오느라 고생 많으셨습네다. 남조선 동무들 긴장들 푸시고 고저 즐겁게 놀다 가시라요."

북한 말을 직접 듣게 되다니. TV에서 들은 억센 북한 진행자의 말투와는 너무도 달랐다. 때론 백 마디 말보다 따스한 눈빛 한 번이 가슴에 더 와 닿을 때가 있다. 그런 기분이었다. 따스웠고 살가웠다. '생활방식이 조금 다를 뿐이지 우리와 정말 비슷하구나.' 남북은 한민족이라는 말이 그때서야 조금은 이해할 수 있었던 것 같다. 그 당시엔 알지 못했지만 아마 동질성이라는 단어를 머리가 아닌 마음으로 이해한 순간이 아니었나 싶다.

이후 북한의 언어, 생활강연, 전시 및 공연, 통일 골든벨, 통일 글짓기 등 북한에 관련된 각종 행사에 참여하면서 피상적이었던 북한에 대해 좀 더 관심을 갖게 되었다. 이런 활동들을 하게 되면서 점차 북한에 대한 인식이 바뀌어갔고 내가 가지고 있던 편협된 시각의 변화를 다른 친구들도 경험할 수 있는 기회가 있었으면 좋겠다고 생각했다. 통일 시대의 주역인 청소년들이 분단의 역사를 되돌아보고 민족의 정체성을 바탕으로 통일에 관하여 좀 더 열린 시각을 가졌으면 했다.

현실적으로 학교 통일교육은 매우 열악한 상태다. 하지만 전쟁으로 인해 분단이 된 지 반세기가 지났고 남북이 아직도 냉전 상태인 조국의 현실을 생각할 때 통일에 대한 필요성과 분단의 아픔, 통일 시대의 한반도 문제 등은 이 시대의 당위적인 문제이다. 통일에 관한 교육이 왜 부족할 수밖에 없는지 생각해볼 필요가 있다. 물론 대학 입시에 큰 비중을 두는 교육 현실에도 문제가 있겠지만 그보다 근본적인 문제는 무엇일까. 아마 가장 큰 이유 중 하나가 기득권층 아닐까. 남한이건 북한이건 기득권층은 딱히 통일이 반가울 이유가 없을 것이다. 북한의 경우 그동안 누려왔던 특권이나 사회적 지위를 모두 잃게 될 가능성이 높고 남한 역시 사회적인 혼란을 원치 않을 것이다. 지금도 살만한데 굳이 통일을 할 필요가 있겠냐는 생각이 클 것이다. 걱정된다. 생각보다 많이. 시간이 지날수록 이러한 생각들이 종이에 물감 번지듯 퍼져 나아갈 것 같아서. 그리고 나 또한 그렇게 될까 봐 두렵다. 현실에 안주하게 될 것만 같아서. 이대로라면 영영 통일이 될 수 없을지도 모르겠다.

청소년들의 통일의식의 특징과 문제점도 생각해보았다. 미디어 문화 영향의 증대로 개인주의적 가치관이 형성되었고 체계적인 통일교육 부재 및 체제 대결적 통일교육의 파생으로 반 통일의식 형성에 영향을 미친 것 같다. 그렇다면 이를 극복하기 위한 바람직한 통일 교육은 무엇일까? 왜 통일이 이루어져야 하는지에 대한 정확하고 객관적인 정보를 제공해주어야 하며 어떻게 하면 남북한이 서로 공존하며 하나로 만들어갈 수 있을지에 대한 방안을 제시해주어야 한다.

예를 들면 국어시간에 북한 문학작품, 북한 언어생활에 대해 배우고 음악시간에는 북한 음악을 접하는 것이다. 학생들의 북한에 대한 친숙감을 유도해야 한다. 또한 청소년들이 흥미롭게 볼 수 있도록 추상적이 아닌 구체적인 사실을 담은 다양한 시청각자료들의 개발도 중요하다고 본다.

이러한 생각들을 바탕으로 전주시와 민주평화통일자문회의의 도움을 받아 청소년 통일 축제를 기획할 수 있었다. 북한의 문화와 현 실태를 생생히 담은 동영상을 비롯하여 새터민들의 이야기와 문화공연을 접할 수 있는 시간을 마련했다. 특히나 북한의 현 실태를 담은 동영상을 볼 때 관객들의 표정을 잊을 수 없다. 나 역시 처음 동영상을 봤을 때 그랬지만 '설마 저 정도일 줄이야.' 하는 표정이 대부분이었다.

통일 UCC 제작과 통일 기원 메시지도 작성했으며 청소년을 위한 희망메시지도 전달했다. 또한 각 학교에 구성된 그룹사운드와 응원부 등 동아리들에게 도움을 청해 다양한 무대도 연출했다. 온갖 열정들을 쏟아부으며 관객들의 호응을 이끌어냈고 십시일반 출연료의 일부분을 모아 북한의 사과나무심기 운동본부에 전달했다.

성황리에 마무리된 청소년 통일축제는 송하진 전주시장님을 비롯한 많은 분들의 도움으로 가능했다. 다시 한 번 진심으로 감사드린다. 물론 아쉬운 점도 있었다. 홍보를 좀 더 오랜 시간 동안 체계적으로 진행하였다면 좀 더 많은 학생들이 참석할 수 있었지 않았나 싶다. 다음번에 이런 행사를 개최하게 된다면 여유를 가지고 홍보를 진행해야겠다.

아직도 북한이 먼 나라의 이야기처럼 들리는 친구도 많이 있을 것이다. 우리는 세계에서 유일한 분단국가다. 그러나 분단의 상황에서도 경제대국으로 도약했고 민주주의를 꽃피웠다. 장기적인 관점에서 통일을 바라볼 때 남북문제와 관련하여 진보 혹은 보수의 성향은 중요하지 않다고 본다. 오랜 시간의 분단으로 조금은 달라진 문화와 언어를 한순간에 하나 되게 한다는 것은 분명 어려운 일이다. 뜨거운 가슴으로 열망만 한다고 통일이 이뤄지는 것도 아니며 냉철한 머리로 서로의 이익과 상황을 고려함으로써 통일을 할 수 있는 것도 아니다. 이 두 가지 모두 통일에 있어 필수불가결한 요소임에 틀림없다. 하지만 무엇보다 분단의 시간만큼 서로의 다름을 인정하는 자세가 필요하다고 생각한다. 서로 틀렸다고 다름을 인정하지 않으면 결코 다시 '하나'가 될 수 없기 때문이다. 이건 비단 통일의 문제뿐만 아니라 우리들의 실생활에서도 중요한 부분이다. '틀린' 너가 아닌 '다른' 우리를 인정할 때 더 밝은 내일을 보게 될 것이다.

우리 숨결 이어가기
— 우리 지역 문화지킴이 문화다솜지기 활동

대학생이 된 후 한 지인의 초대로 디너파티에 간 적이 있다. 외국인들이 많이 참석한 파티였는데 자유로운 분위기의 사교성 파티였다. 준비된 프로그램을 신 나게 즐기고 난 후 간단한 식사를 하며 외국인들과 대화를 나누었다. 이런저런 이야기를 나누다 나중에 하고 싶은 일이 무엇이냐는 질문을 받게 되었다. 막연히 문화에 관련된 일을 하고 싶다는 대답보단 좀 더 구체적으로 우리 문화와 내가 하고자 하는 일에 대해 설명하고 싶었다. 어떤 방식으로 우리 문화에 대해 쉽고 재미있게 설명할 수 있을지도 고민이었지만 무엇보다 이걸 영어로 어떻게 말해야 할지가 더 큰 고민이었다. 처음으로 영어를 잘하고 싶다는 생각이 들었다. 아니, 잘했더라면 좋았을 텐데 하는 아쉬움이 더 컸다. 단지 취업이나 자격증을 위한 영어공부가 아니라 내가 하고자 하는 일을 비롯해 우리나라의 문화에 대해 좀 더 잘 설명하고 싶은 마음이 굴뚝같았다. 잘하지도 못하는 영어로 손짓 발짓 다해가며 우리의 전통 문화와 공연에 대해 설명했다. 이해했다는 표정을 지으며 "great"라고 말하는 외국인들을 보며 뿌듯함도 느꼈지만 뭔가 부족했다는 생각에 괜히 혼자 침울했던 기억이 난다.

문화에 관련된 일을 하고 싶다는 내 꿈을 듣고 어느 날 한 후배가 ≪문화가 답이다≫라는 책을 선물해주었다. 문화의 정의에 대한 고민에 쉽사리 답을 내릴 수 없던 나에게는 단비 같은 책이었다. 책을 보면 '문화는 정치다. 문화는 삶이다. 문화는 경제다.'등으로 파트가 나뉘어져 있다. 책의 마지막 페이지를 넘기면서도 쉽사리 문화에 대한 명확한 정의를 내리진 못했지만 오히려 '아! 이게 문화구나.'라는 생각이 들었다. 쉽게 정의할 수 없는 것. 가장 구분 짓기 쉬우면서도 가장 모호한 것. 정치, 경제, 삶 등과 같이 우리 사회에서 볼 수 있는 모든 것들이 문화인 것이다.

우리 문화의 본질과 특성을 바로 알고 이를 되살리려는 노력은 바로 우리 자신을 알아가는 일이 아닐까 싶다. 무엇보다 우리 문화예술이 지닌 유연성은 독특한 전통과 조화의 아름다움을 보여준다. 단순히 문화의 답습에 그치지 않고 지구촌 문화의 평화로운 공존과 번영을 위한 해답을 제시해 줄 수 있는 힘을 가지고 있다는 것이다. 조용하면서 드러내지 않아도 아름다움이 스며 있고 과욕을 부리지 않아 스스로 자연과 하나 되는 모습을 가진 우리 문화. 현재를 살아가는 우리가 더욱 지키기 위해 노력해야 할 인류 공동 번영의 아름다움이 아닌가 생각한다.

고등학교 1학년 때 '문화 다솜지기'라는 활동을 했다. 국가청소년위원회가 선정한 전국 우수프로그램인 '문화 다솜지기' 활동은 지역의 특색 있는 문화 봉사활동이다. 다솜지기가 되기 위한 면접 또한 쉽지 않았다. 전북지역의 문화재에 대해 찾아보고 자료를 정리하며 면접을 준비했다. 내가 알고 있던 것보다 훨씬 많은 양의 소중한 지역 문화유산들에 놀람과 동시에 너무 무관심했던 건 아닌지 하는 안타까움도 들었다. 이제부터라도 좀 더 관심을 갖고 하나하나 알아 가면 된다고 스스로 위안을 삼던 나에게 문화 다솜지기 합격통보는 어느 때보다 반가운 소식이었다. 매월 둘째, 넷째 주 토요일 총 10주에 걸쳐 우리 지역문화재 보존활동을 하게 되었고 문화재에 대한 강연과 체험을 통해 우리 문화를 바로 알고 좀 더 가까이에서 전통 문화를 접할 수 있는 기회를 갖게 되었다.

교과서에서 보던 문화유적들은 아름다운 겉모습과는 달리 많은 보존상의 문제점을 겪고 있었다. 특히 전주 시내 한복판에 위치한 조선왕조 문화유산인 객사의 아름다운 외관과는 달리 마루 곳곳에

금이 가고, 듬성듬성 쳐져 있는 거미줄을 보자 쓴웃음이 지어졌다. 어느 국회의원은 매월 이곳에서 객사 정담을 하는 걸로 알고 있었는데 이런 곳에 소화기 한 대 없다는 사실이 이해되지 않았다. 소중한 문화유산이 일순간에 사라질 수도 있겠다는 생각이 머릿속을 스치고 지나갔다. 쓰레기 줍기, 거미줄 제거 작업을 마친 후 청소년 문화센터에 돌아와 소화시설 보충, 주춧돌 재정비 등의 모니터링 일지를 작성해 제출했다.

매 답사를 마치고 꼼꼼히 작성한 모니터링 일지는 문화외교를 하고 싶다는 나의 꿈, 더 나아가 후손들에게 소중한 문화유산을 물려주는 밑거름이 될 거라 생각한다. 이에 그치지 않고 학교로 돌아와 함께 활동한 친구들과 문화 관련 동아리를 만들었다. 문화다솜지기 활동을 토대로 정기적으로 문화유산을 찾아다니고자 했다. 하지만 학업과 병행하면서 계획한 부분들을 실행에 옮기는 것에 있어 현실적인 어려움에 부딪혔고 꾸준히 활동하지 못했다. 동아리계의 혁명을 가져오겠다던 원대한 포부는 다음을 기약해야 했다.

근래에 전주한옥마을이 관광명소가 되면서 주위의 지인들이 전주에 많이 방문하는 걸 보게 된다. 사실 전주 사람들은 막상 전주비빔밥을 자주 먹지 않는데 어디가 맛있냐는 질문에 그냥 아무 데나 들어가도 평소 먹는 비빔밥보다는 맛있을 거라는 대답을 해주곤 한다. 전라도 사투리는 덤이다.

"아따, 어딜 가든 다 맛있당께. 뭐시 그리 궁금한 게 많당가. 걱정 하덜 말어."

여섯 살 때부터 고등학교를 졸업할 때까지 전주에서 학창 시절을 보낸 나는 어디가 좋은지, 뭐가 맛있는지 묻는 지인들의 질문에 한껏 신이 나서 질문한 것 이상으로 이것저것 대답해준다. 마지막 답변과 함께 '한바탕 전주, 세계를 비빈다.'라는 슬로건을 담고 있는 심벌로고도 보내준다. 지인들은 무슨 전주 홍보대사냐며 오버하지 말라고 한다. 전주 홍보대사. 난 이 말이 참 좋다. 이곳에서 태어나진 않았지만 학창 시절을 비롯한 내 다양한 추억들이 비빔밥 재료들의 알맞은 조화처럼 잘 버무려져 있는 곳이 바로 전주이기 때문이다. 이곳에 자부심과 애정을 갖는 건 당연하다. 전주 여행에 만족해하는 지인들의 모습을 보면 지역 사랑을 몸소 실천한 것 같아 괜히 기분이 좋아진다.

우리 지역, 그리고 주변의 소중한 문화유산에 좀 더 관심을 갖고 이를 지켜낼 수 있는 노력이 필요하다.

문화文化, 과거이자 현재이며 미래인 우리의 모습이다.

정치는 다스리는 것이 아니야!
― 제1회 대한민국 청소년 모의국회

　대학교 수시 면접 때 면접관님이 존경하는 정치인이 누군지 물어보셨다. 나는 반기문 UN사무총장님을 존경한다고 말씀드렸다. 그러자 면접관님은 UN사무총장이면 국제공무원이지 정치인은 아니지 않느냐고 되물으셨다. 사실 면접관은 위기대처능력을 보기 위해 반문하신 것이었다. 약간 당황하기도 했지만 여기서 머뭇거리면 끝이라는 생각에 이내 자신 있게 대답했다.
　"政治 정사 정, 다스릴 치. 정치에 쓰이는 한자입니다. 정사 정은 다스릴 정으로도 쓰이곤 하는데 개인적으로 정치는 바를 정, 다스릴 치의 正治라고 생각합니다. 다스리고 또 다스리는 것보단 바르게 다스리는 것이 진정한 정치라고 생각하기에 비록 형식상 공무원이지만 세계 최대 국제기구인 유엔을 바르게 관리하면서 국제사회의 중재자 역할을 하는 반기문 UN사무총장님을 존경합니다."

면접관의 만족스런 표정을 볼 수 있었지만 사실 이때로 다시 돌아갈 수 있는 기회가 주어진다면 좀 더 구체적으로 대답하고 싶다. 훌륭한 정치인은 가장 높은 곳에서 넓은 시야를 토대로 현실을 인지하되 가장 낮은 자세로 국민들에게 다가가 신뢰와 믿음을 줄 수 있어야 한다. 정치는 앞서 언급한 어원적인 의미뿐 아니라 인격적, 도덕적 차원의 덕목을 바탕으로 나를 다스리고 이웃을 섬기는 실천으로부터 시작된다고 생각한다.

정치에 관한 이러한 생각을 정립할 수 있게 해준 활동 중 하나가 대한민국 제1회 청소년 모의국회였다. 처음 청소년 모의국회라는 말을 들었을 때 가장 먼저 떠오른 건 토란이었다. 어릴 적 목에 걸린 트라우마로 내가 유일하게 싫어하면서 못 먹는 음식이 토란인데 마치 토란을 생각할 때 마냥 반사적으로 눈살이 찌푸려졌다. 대한민국의 리더들이 모여 있는 국회가 내 머릿속에 남아 있는 모습이 반사적으로 떠오른 것이다. 하지만 단지 안타까워하기만 하며 이러한 생각을 스스로 변화시키려는 노력조차 하지 않는 것은 잘못이라고 생각했다. 그렇기에 과연 우리나라 국회의 모습은 어떨지 간접적으로나마 체험할 수 있는 기회를 놓치고 싶지 않았다.

경북대학교에서 열린 모의국회는 2박 3일 동안 4개의 부서(통일

외교통상위원회, 교육과학위원회, 인권위원회, 보건복지위원회)로 나뉘어 각 위원회 별 두 가지의 의제로 진행되었다. 나는 평소 북한 문제에 관심이 많았기에 통일외교통상위원회에 지원하였다. 모의국회였지만 실제 국회와 마찬가지로 엄격한 규칙하에 대회가 진행되었다. '남·북 관계 개선을 위한 향후 정부의 방향'과 '한·미, 한·유 자유무역 협정 체결'에 관해 3분간의 발언 시간 동안 자신의 의견을 말할 수 있으며 발언 횟수가 정해져 있지 않아 정해진 회의 시간에 한해서 지속적으로 명패를 들고 발언할 수 있었다.

  모의국회 1주일 전부터는 미리 제시된 의제에 관해 정리를 하였다. 두 의제 모두 관심 있던 분야였기 때문에 전에 참고했던 자료들을 바탕으로 준비했다. 처음 회의를 진행함에 있어 '본 의원은'이라는 말로 발언을 시작하는 것이 조금은 어색했다.

  첫째 날은 '남·북 관계 개선을 위한 향후 정부의 방향'이라는 의제를 가지고 토론을 진행했다. 의제에 관한 토론을 마친 후에는 의견이 맞는 의원들끼리 공동 발의 안을 작성하는 시간이 주어졌다. 자유토론 시간을 통해 의견을 나누고 공동 발의 안을 작성하였는데 그중 대표 발의자를 맡았다. 남·북 관계 개선을 위해 과거 김대중 정부 시절 추진해 왔던 햇볕정책을 지속적으로 실시하되 무조건 퍼주기가 아닌 좀 더 체계적이고 구체적인 정책이 필요하다는 큰 틀을 잡았다.

  각자 체계적이고 논리적으로 자신들의 주장을 펼쳐나갔기에 때론 극과 극의 대립으로 치닫기도 하였지만 내가 미처 생각하지 못했던 부분에 관해 보충하고 의견의 합의점을 도출해내는 과정을 통해 많은 것을 배우게 되었다. 특히 공동 발의 안을 작성하고 발표할 때 다른 의원들의 생각을 존중하고 먼저 인정해야만 나의 의견들 역시 다른 이들에게 인정받고 존중받을 수 있다는 것을 몸소 느끼게 되었다. 이때 정말 작은 국회를 경험한 것 같다.

둘째 날 '한·미, 한·유 자유무역 협정'에 관한 의견을 나눴다. 분명 FTA를 통해 얻는 이익도 있겠지만 큰 타격을 입을 분야들에 대해 우선적인 대책을 마련하는 것이 중요하다고 생각한다. 그리고 정부는 국민들이 좀 더 자유무역 협정에 관해 구체적으로 그 내용을 알 수 있도록 충분히 알려야 할 필요가 있으며 산업 분야별 비중을 고려하여 지역별로 FTA 지방 본부를 설치하여 의견을 수렴하는 일이 필요하다는 의견을 발표했다.

완벽하진 못했지만 열심히 준비한 탓인지 마지막 날 시상식에서 우수상을 수상하는 영광을 안게 되었다. 2박 3일간의 모의국회를 통해 서로의 의견을 존중하는 법을 배웠고 논리적으로 자신의 의견을 말하는 참가자들을 보며 모두가 훌륭한 주역들이라는 생각이 들었다. 많은 이들에게 믿음을 얻어 대표로 선출된다는 건 대단한 일이다. 각 지역, 나아가 국가를 대표하는 이들이 모인 국회가 그런 공간이며 좀 더 많은 이들에게 그렇게 기억되었으면 했다.

작년에 치러진 18대 대통령 선거에 관해 아쉬운 점이 있다. 투표 결과에 대해 많은 이들이 SNS를 통해 본인들의 생각을 표현했다. 야당 후보의 지지자들 중 일부는 향후 5년을 심각하게 걱정하며 이를 다소 격하게 표현하는 이들도 있었고 이에 관하여 여당 후보의 지지자들은 결과에 승복할 줄 알라며 반박했다. 물론 어느 쪽이건 무조건적인 비판과 비난은 옳지 않다. 정권 획득을 목표로 하는 정당에게 승자와 패자는 존재할지 모르지만 국민들에게 승자와 패자는 존재하지 않는다. 이건 스포츠가 아니다. 승복이라는 단어는 어울리지 않는다. 다만 승복이라는 단어를 사용하고 싶은 승자들의 입장이라면 먼저 손 내밀어 패자를 다독이며 위로하는 모습이 아름답다는 걸 우린 스포츠 경기를 통해 이미 수없이 보고 느껴왔을 것이다. 선거결과에 관하여 좀 더 아름다운 마무리를 할 수 있다면 새로운 대한민국의 5년도 더욱 기대되지 않을까 싶다.

 정치외교학과를 다닌다고 하면 "왜? 커서 정치하려고?"라는 질문을 가장 먼저 받는다. 기분 탓일지 모르겠지만 뭔가 정치라는 단어가 들어 있는 질문에 비아냥거리는 듯 가벼운 태도로 묻는 분들이 생각보다 많은 것 같다. 웃으며 질문에 답변하곤 하지만 맘이 편치만은 않다. 사실 정치만큼 중요한 일도 없다고 생각한다. 정치에 대한 이미지를 긍정적으로 바꾸는 건 비단 정치인뿐 아닌 우리 모두의 숙제라고 생각한다.

지하철로 학교에 통학할 때면 항상 창밖으로 국회의사당이 보인다. 국민을 위한 국회, 바라보면 행복이 느껴지는 국회를 기대해 본다.

평범해도 괜찮아

― 제5회 전국고교학생회장 토론회 및 리더십 연수

여섯 살 때였던 걸로 기억한다. 어릴 적 취미로 수영을 시작했었다. 그 후로도 중학생 때부터 스킨스쿠버를 꾸준히 했다. 덕분에 비염을 얻기도 했지만 그래도 물속에서 노는 것이 난 좋았다. 어머니 뱃속에 정확히 열 달 꽉꽉 채우고 나왔음에도 양수가 그리웠던 걸까? 물에 들어가 있으면 왠지 모르게 마음이 편안했다. 고등학교 때는 학업으로 인한 스트레스가 쌓이면 야간자율학습 시간이나 주말에 몰래 빠져나와 학교 앞 수영장에 가곤 했을 정도로 물과는 친했다. 사실 운동선수를 꿈꾸기도 했다. 부모님은 잘 모르지만 몰래 수영장에 다니면서 수영선수였던 또래의 친구들과 함께 수영을 하고 시합을 준비했다. 하지만 특출나지 않았던 실력 탓에 점점 자신감을 잃었고 왜 난 더 잘하지 못할까란 생각이 머릿속을 떠나지 않았다. 특별하고 싶었다. 남들보다 잘하고 싶었다. 하지만 마음만으론 부족했다. 남들보다 연습을 더하면 더했지 덜하진 않았지만 쉽게 실력이 향상되지는 않았다. 그 후 점차 냉정한 현실에 부딪치면서 자연스레 취미로 정리되고 말았다.

평범했던 내 모습에 다시 한 번 실망했던 때가 있었다. 고등학교 3학년 때 전국고교학생회장 토론회 및 리더십 연수에 참가했다. 전국에서 모인 150여 명의 학생회장들과 함께 2박 3일간의 일정이 시작되었다. 학생회장이라는 특별함이 사라진 순간이었다. 모두 전국에 있는 고등학교 학생회장들을 만난다는 생각에 설렘을 안고 올라 왔을 것이다. 학교는 다르지만 학생회장이라는 공통점을 가진 친구들의 모습은 어떨지 무척 궁금했다.

첫째 날 리더십 강연을 듣고 골든벨을 하며 바쁜 하루 일정을 마무리했다. 첫날은 시간이 어떻게 흘렀는지 모를 정도로 눈 깜짝할 새에 지나갔던 것 같다.

둘째 날 토론회 제출 원고를 바탕으로 3분 스피치와 본선토론이 진행되었다. 스피치 시간으로 주어진 단 3분의 짧은 시간 동안 모든 걸 보여줄 순 없지만 참으로 많은 의미와 선택의 시간이었다는 걸 느꼈다. 모두들 자신의 차례를 기다리면서 길고도 짧은 시간들을 맛보았을 것이다. 나는 비록 3분 스피치에서 탈락해 본선 토론

에는 진출하지 못했지만 친구들의 토론 모습을 보며 많은 걸 배웠다. 본인이 조사한 자료를 도표로 만들어 와 토론에 임하는 한 친구의 모습이 아직도 기억에 남는다. 정말 준비성이 철저하다고 느꼈다. 후에 이 친구는 대한학생회 7기 부회장이 되어 나와 함께 기수를 이끌어나가게 되는데 행사를 진행할 때면 역시나 철저한 준비성으로 큰 힘이 되었다.

　토론회가 진행된 이후엔 레크리에이션 시간으로 서울페스티벌이 진행되었다. 학교를 대표하는 학생회장답게 개성과 끼가 넘쳤다. 피아노를 치며 열창하는 친구, 웃옷을 벗고 장기자랑을 하는 친구, 말을 유재석보다 잘하는 친구, 나에겐 정말 충격의 연속이었다. 망치로 머리를 계속 얻어맞는 기분이었다. 저마다 개성이 넘치고 본인들의 리더십을 자랑스럽게 여기며 이를 당당히 표현할 줄 아는 멋진 친구들이었다.

　난 정말 평범한 학생회장이라는 생각이 2박 3일 내내 머릿속을 떠나지 않았다. 모교에서는 수백 명 중 단 한 명이자 나름 캐릭터 있는 나라고 생각했는데 친구들의 다재다능한 끼 앞에서 너무나 평범한 내 자신을 보았다.

그날 밤 나는 친구들과의 대화를 통해 더 많은 능력과 끼를 가지고 있는 아이들의 모습을 보면서 생각했다. 질투보단 나와 다른 남을 더욱 존중하는 사람이 되어야겠다는 다짐을 했다. 부러워만 하고 자책하기보단 그들의 장점을 하나하나 흡수할 수 있는 사람이 되겠다고. 그리고 친구들을 통해 참 바보 같은 생각을 하고 있다는 걸 깨달았다. 특별하고 싶었고 특별하지 않으면 안 된다고 생각했었다. 남들보다 뭐든 잘하고 특출나야만 멋있는 것이라고 생각했었다. 모두들 학생회장이라는 특별함을 가진 것이 아니라 각자의 개성과 역할이 다를 뿐이었던 것이다. 나는 나다. 이 세상 하나뿐인 나다. 물론 평범한 내 모습에 실망도 했지만 이 리더십 연수를 통해 느낀 가장 큰 점은 특별한 내가 아닌 소중한 내가 될 수 있었다는 점이다.

늘 새로운 변화와 기회에 도전하고 남들보다 뛰어난 내가 아닌 남들과 다른 나의 모습을 찾고 그것을 어떻게 표현해야 할지 고민하는 것이야말로 진정 특별한 나를 만드는 소중한 일임을 잊지 않아야겠다.

생애 최고의 선물 중 하나
— 동암고등학교 27대 총학생회장 당선

고등학교 시절 학생회장이라는 직책은 내게 더 넓은 세상을 보고 많은 걸 배우게 해준 생애 최고의 선물이라고 해도 과언이 아니다. 학생회장이어서 경험할 수 있는 일들이 참으로 많았기 때문이다.

2학년 때 부회장을 역임하면서 느꼈던 문제들을 해결하고 학교를 위해 할 수 있는 일들을 좀 더 적극적으로 앞장서서 해결해야겠다고 생각했다. 오지랖 넓은 성격 탓인지 기숙사 상담 선생으로 통하기도 했던 나는 친구들 문제를 들을 때면 남 일처럼 여겨지지가 않았다. 공부는 언제 하냐는 걱정스런 충고도 있었지만 공부에만 매진하기엔 의지가 부족한 나였기에 친구들의 상담 파트너 되어주는 일이 생활의 윤활유가 되는 것 같았다.

지금 생각하면 별일 아니라고 느낄 수 있지만 그 당시엔 나에게도 고민되는 일들이 많았었다. 학업문제, 친구문제, 이성문제 등 여러모로 머리를 싸매었던 것 같다. 비록 해결책을 찾진 못하더라도 나와 같은 고민을 갖고 있는 친구들과 이야기를 나누고 나면 내가 더 치유가 되었던 것이다. 지금도 가끔 고민을 털어놓던 친구들이 그립다.

친구들의 개인적인 문제를 넘어 교복, 두발, 급식, 동아리 문제 등 매번 학교와 학생들이 부딪쳐온 문제를 해결하기 위한 해결사가 되고 싶었다. 학생들이 있어 학교가 있는 것이고 학교가 있기에 학생이 있는 것이라 생각하면 모두가 만족하고 이로울 수 있는 방안을 찾아 반드시 임기 동안 해결해야겠다는 각오로 학생회장 선거에 출마했다.

대단한 목표나 꿈을 갖고 도전한 것은 아니지만 이런 작은 계획들과 다짐들이 결과적으로 보면 내 인생에 엄청난 변화와 성장을 가져다주었다. 내가 생각한 것 이상의 많은 기회들이 내게 주어졌기 때문이다. 이렇듯 우리가 경험하는 순간순간의 사건이 원래의 의도나 생각했던 것 이상의 결과를 가져다주는 경우가 많다. 그렇기에 쉽사리 결과를 예측하지 않고 그 순간을 좀 더 소중하게 생각하며 즐길 수 있어야 할 것이다.

2학년 말 총학생회장 선거도 기억에 남지만 사실 1학년 말에 치러진 부총학생회장 선거가 더욱 기억에 남는다. 나를 포함해 후보자는 총 네 명이었다. 나머지 세 명의 후보는 모두 성적우수 기숙사 생활을 하던 친구들이었다. 기숙사 생활을 하게 되면 자연스레 다른 반 친구들과 친해질 수 있는 기회가 많아진다. 1학년 때는 기숙사 생활을 하지 않았기에 나머지 후보들의 경쟁 대상이 아니었다. 사실 좀 더 솔직히 말하면 나머지 후보들이 나를 별로 신경 쓰지 않았다. 또한 대다수 학우들도 기숙사 친구들 중 한 명이 부총학생회장이 될 거라 예상했다.

　　학급 실장이었던 나는 반 친구들의 도움을 받아 선거운동을 진행했다. 인지도가 부족했던 나로서는 한 발 더 뛰는 수밖에 없었다. 등교 시간에 남들보다 좀 더 일찍 학교 정문에 나가 홍보 피켓을 들고 서 있는다거나 밤 10시 야간자율학습이 끝나고 하교하기 위해 버스를 타려는 학생들 앞에서 "이번에는 2번입니다. 기호 2번 왕준호 기억해주십시오."라며 목이 터져라 나를 홍보하는 등 조금 더 부지런히 선거운동을 했다. 어차피 모든 후보자들이 각 반의 실장들이었기에 1학년 표는 나눠가질 생각을 하고 2학년 선배들과 원거리 학생들이 생활하는 기숙사인 '동암관'을 공략하기로 했다. 나를 제외한 나머지 세 명의 후보가 모두 성적우수자 기숙사인 '생활관' 아이들이었기에 이미 그곳은 표가 많이 나뉠 것으로 예상하고 '동암관' 기숙사 선거 홍보에 좀 더 큰 비중을 두었던 것이다.

친구들과 직접 녹음한 선거 로고송으로 점심시간이면 급식소 앞에서 율동과 함께 선거운동을 하였다. 유독 단합이 잘되었던 반 친구들 덕분에 점심시간엔 거의 모든 친구들과 함께 선거운동을 진행할 수 있었다. 이 때문에 다른 후보자들 사이에선 선거운동 인원을 규제해야 되지 않겠냐는 의견이 나오기까지 했다. 담임선생님께선 국회의원 선거를 방불케 한다고 하며 혀를 내두르셨다. 한창 공부해야 할 시기에 반 친구들 전체가 나와서 나의 선거운동을 돕고 있으니 선생님께선 오죽 답답하셨을까. 충분히 이해가 갔다. 선생님의 눈치가 보이기도 했지만 나에겐 그만큼 간절했다. 내가 할 수 있는 최선의 노력을 다하고 싶었고 이 기회를 절대 놓치고 싶지 않았다.

선거 당일 강당에서 진행된 마지막 후보자 연설이 시작되었다. 교복 속에 슈퍼맨 옷을 입고 있다가 연설 마지막에 교복 상의를 찢으며 외쳤다.

"동암의 슈퍼맨이 되겠습니다."

사실 교복 단추가 잘 풀어지지 않아서 급한 마음에 상의를 찢은 것이었는데 연출된 상황인 것처럼 자연스레 비춰져 오히려 큰 반응을 얻을 수 있었다. 진부해 보일 수도 있으나 그 당시 나로선 엄청난 고민 끝에 준비한 비장의 무기이자 임팩트 있는 한 방이었다. 생각보다 큰 호응 속에 연설을 마무리할 수 있었다.

교실로 돌아와 '이제 할 만큼 다했다. 겸허히 결과를 기다리자.'

라며 마음을 다잡았으나 사실 수업 내용은 하나도 들어오지 않았다. 개표가 시작된 지 3시간쯤 지나자 당선자 발표 안내 방송이 교내에 울려 퍼졌다.

"아, 아, 잠시 안내말씀 드리겠습니다. 제26회 동암고등학교 학생회 선거 개표 결과를 말씀드리겠습니다."

수업을 진행하던 선생님께서도 강의를 잠시 멈추셨고 반 전체가 방송에 귀 기울였다. 3학년 총학생회장 선배들의 당선 결과가 발표되었고 이내 부총학생회장 당선자 발표가 이어졌다.

"이번 선거에서 부총학생회장으로 1학년……."

정말 긴장되는 순간이었다. 그 순간만큼 누군가 내 이름을 불러주길 간절히 바랐던 적이 없을 정도였다. 속으로 기도했다. '제발 1학년 1반, 왕준호. 제 이름을 불러주세요 제발.'

그리고 마침내 듣고 싶은 그 한 마디를 들을 수 있었다.

"1학년 1반 왕준호 군이 당선되었습니다. 왕준호 군께서는 지금 바로 교무실로 와주시기 바랍니다."

반 친구들이 일제히 환호했고 그때야 비로소 당선을 실감했다. 그동안 선거를 도와준 친구들과 얼싸안고 당선의 기쁨을 누렸다. 물론 아쉽게 패했지만 끝까지 멋진 경쟁을 펼쳐준 후보자 친구들을 찾아가서 격려와 감사 인사를 전하는 것도 잊지 않았다. 그리고 함께 출마했던 친구들에게 학생회 각 부서의 차장 자리를 맡아 달라고 부탁했고 1년간 호흡을 맞춰 학생회 일을 진행했다. 그 후 동암고등학교 리더로서의 첫 걸음이 시작되었고 1년 후 총학생회장 선거에서도 당선되는 영광을 얻게 되었다.

학생회장 출마 공약은 다음과 같았다.

첫째, 기존 한 달에 한 번씩 하던 두발검사를 한 학기에 2회만 실시하여 학생들의 편의와 자율성을 보장하겠다는 것이다. 학생부장 선생님과 교장, 교감 선생님을 찾아뵙고 그렇게 할 수 있도록 하겠다는 답변을 얻어냈다. 사실 지나고 보면 머리 짧은 것도 모두 추억인데 그땐 왜 그렇게 짧은 머리가 촌스럽다고 다들 아우성 댔던지. 어쩌면 그토록 민감했고 관심이 많았던 부분이기에 이렇게 더 오래 기억에 남고 추억으로 선명히 남는 건지도 모르겠다.

둘째, 복잡한 급식문제의 해결이다. 평소 급식 시간이 되면 급식소 입구가 비좁은 탓에 많은 혼잡과 불편을 빚고 있었다. 심지어 급식 실 입구에서 학우들끼리 다투는 일이 벌어지기도 했다. 이 문제를 해결하기 위해 급식 순서 로테이션제도를 도입했다. 10반까지 있는 학교에 월요일은 1, 2반 화요일은 3, 4반이 먼저 급식을 하여 두 개 반씩 순서대로 들어갈 수 있는 로테이션제도를 실시하는 것이다. 그 결과 평소에 빚어지던 혼잡한 상황을 단번에 정리할 수 있게 되었다. 그리고 맛있게 먹으라는 급식 실 아주머님들의 다정한 목소리까지 덤으로 들을 수 있었다.

셋째, 동아리 활동의 활성화다. 평소 동아리 활동이 활성화되어 있지 않아 다양한 동아리 활동을 구상해서 학생들의 활동을 독려

했고 매월 동아리 기장들과 정기적인 미팅을 통해 활동사항을 점검했다. 그 결과 CA시간이나 축제 때 동아리 팀원들의 적극적인 도움으로 어느 학교보다 많은 여학생들의 환호 속에서 신 나는 축제를 펼칠 수 있었다. 학생회장으로서 보낸 시간들이 마음 한편에 추억의 방을 만들어 아직도 가슴 벅찬 감동으로 남아 있다.

뒤돌아보면 부족하고 아쉬운 점도 많았다. 국회의원 선거 같다며 걱정 반 격려 반으로 조언을 건네시던 담임선생님 말씀이 머릿속에 계속 맴돌았다. 당선에만 너무 집착해서 선거 기간 동안 과정상의 실수는 없었는지, 정말 학교를 위한 공약들을 내세웠는지 다시 한 번 생각하게 되었다. 나도 모르게 TV에서 접하던 정치인들의 부정적인 행태와 당선을 위한 선거운동만을 모방하진 않았는지 뒤돌아보았다. '미워하면서 닮아간다.'는 말처럼 나도 모르는 사이 그들을 따라하고 있었다. 연설문을 준비하며 공약의 부족한 부분을 다시 한 번 찾아보기보단 어떻게 하면 임팩트 있는 한 방으로 표심을 사로잡을 수 있을지에 더욱 초점을 맞추고 있었다. 나뿐 아닌 여타 팀 모두 마찬가지였다. 선거운동에서 좋은 자리를 선점하기 위해 수단과 방법을 가리지 않았고 목소리 큰 아이들을 앞장세워 선거 유세를 하는 등 말 그대로 소규모 정치판이었다. 기성세대의 정치 행태가 결국 우리와 같은 학생들에게까지 지대한 영향을 주게 된다는 것을 느꼈다. 우리는 기성 정치인을 흉내 내고 우리도 모르는 사이 그들의 모습을 도용하게 된다. 그렇기에 기존의 정치인들의 정치가 더욱 건전하고 생산적일 때 비로소 학생들, 더 나아가 국민들의 민주의식과 정치의식 또한 높아질 것이다. 정치가 바로 설 수 있도록 건전한 유권자 의식도 중요함을 잊지 말아야 한다. 무조건 적인 비난보단 무엇이 잘못되었는지를 바로 알고 이를 올바른 방법으로 표현할 때 비로소 대한민국의 정치가 한 걸음 더 나아갈 수 있을 것이다.

진짜 일류들이 판치는 세상
— 체육대회 및 축제 기획

격년제로 진행하는 우리 학교 축제는 2박 3일간의 체육대회와 동시에 진행된다. 학업의 스트레스에서 벗어나 땀과 열정으로 교내를 물들일 수 있는 연중 최대 행사다. 2박 3일간의 체육대회 일정 속에서 둘째 날 오후부터 야간까지 축제가 진행된다.

축제와 체육대회를 열심히 즐기기만 하던 1학년 때와는 달리 학생들이 재밌게 즐길 수 있도록 기획해야 하는 학생회장의 입장은 매우 달랐다. 체육대회 대진표와 종목을 짜는 일, 출연진을 섭외하고 먹거리를 준비하며 객석 자리를 배치하는 일들은 생각보다 쉬운 일이 아니었다. 행사를 위해 땀 흘리는 학생회 임원들과 선생님들의 격려 속에서 멋진 축제를 만들기 위해 최선을 다했다. '동암,

열정의 한 획을 긋다'라는 슬로건을 내걸고 모두가 한마음 한뜻으로 뭉쳤다. 모두 최고의 축제를 만들고 싶어 했다. 학업에 지친 우리에게 2년에 한 번 진행되는 축제는 학교생활의 큰 활력소였다.

전주에서 축제가 재밌기로 소문난 몇몇 학교가 있었는데 그 당시 우리 학교는 후보에도 끼지 못했다. 사실 남고 축제의 재미있고 없고는 여고 학생들이 얼마나 오는지 그 숫자로 평가되니만큼 여학생 유치와 방문이 매우 중요하다. 교내 적으로는 남학생들을 만족시키는 것이 중요하고 교외 적으로는 여고생들의 방문이 절실했다.

일단 내실을 다지는 것이 중요했다. 고심 끝에 학생부 선생님들의 동의를 얻고 축제 공연 교내 참가팀 오디션을 진행하기로 했다. 재밌고 멋진 공연들을 준비한다면 자연스레 많은 호응을 얻게 될 수 있을 거라 생각했다. 강당에서 3일간 진행된 오디션을 통해 축제 당일 공연할 팀들을 엄격한 기준으로 선발했다. 여기서 그치지 않고 일주일 전, 하루 전 리허설을 통해 참가 팀들의 부족한 부분을 함께 보완하며 무대의 완성도에 힘썼다. 당시 〈Sorry, Sorry〉라는 노래로 큰 인기를 누리던 아이돌 그룹 '슈퍼주니어'를 완벽 복제한 '동암주니어'가 비장의 무기였다. 3학년 동기들이 준비한 댄스 무대였는데 축제의 피날레를 장식하기에 손색이 없을 정도로 얼굴만 빼면 완벽한 싱크로율을 자랑했다. 더불어 모 여고의 유명한 댄스 동아리를 섭외했다. 남고에 여고 댄스 동아리가 온다는 건 소위 말 다한 거다. 별도의 준비가 필요 없다. 축제 당일 여고 댄스 동아리 팀을 잘 영접하여 무대 위까지 안전히 모시기만 하면 된다. 그 후 반응이야 실로 어마어마하다. 걸 그룹 노래가 남자들의 목소리로 더빙된다. 이 순간만큼은 모두가 영화 〈300〉의 용맹한 전사의 목소리를 갖게 된다. 그렇다면 문제는 교내 축제에 어떻게 타 학교 여학생들이 많이 방문하고 즐길 수 있게 할지였다. 일단 축제

당일 학교에 방문하게 하는 것이 중요했기에 홍보 활동에 만전을 기했다. 축제 일주일 전부터는 소위 훈남 학우들을 여고에 파견했다. 등교 시간에 여고 정문 앞에서 허락을 받고 축제 팸플릿을 나눠주며 홍보했다. 그 당시엔 SNS가 지금처럼 발달하지 않았기에 한 발 더 뛰며 홍보하는 수밖에 없었다. 개인적으론 각 여고 학생회장들의 연락처를 수소문해 여 학우들과 함께 방문 시 무대가 잘 보이는 특별석을 마련해 주겠다고 약속했다. 또한 기숙사에서 자율학습이 끝나면 학생회 친구들과 한방에 모여 홍보 동영상을 제작해 인터넷에 배포했다.

위와 같이 축제를 기획하기 위해 두 달 전부턴 일주일에 한 번씩 각 부서 임원들과 회의를 진행했으며, 한 달 전에는 일주일에 두 번 이상 시간이 날 때마다 틈틈이 회의를 진행하고 축제를 준비했다. 사실 알만한 친구들은 다 알지만 난 유독 수학 시간에 회의하는 걸 좋아했다. 아마 수리 앞에 무방비한 상태로 당할 수밖에 없던 문과 동지들은 대충 짐작이 갈 것이고 공감하는 이들도 많이 있을 것이다. 수리 선생님께는 정말 죄송하지만 수리 시간을 빼먹고 하는 회의는 뭔가 더 짜릿했던 것 같다. 물론 수학수업을 빼먹기 위한, 가치가 전도된 것은 아니었다. 덕분에 고진감래가 아닌 감진고래인 순간도 많았다. 달콤한 회의 뒤에는 수리 선생님의 쓰디쓴 말씀을 들어야 했기 때문이다. 학년부장 선생님이기도 했던 수리 선생님께선 '조용히 다른 아이들처럼 공부만 했으면 일류대에 갈 놈이 이런저런 활동하고 다니느라 다 버렸다.'며 안타까워 하셨지만 단 한 번도 후회한 적은 없었다. 분명 내가 했던 경험들은 작건, 크건 나를 한 단계 발전시키는 데 큰 도움이 되었기 때문이다. 그리고 무엇보다 가장 중요한 것은 내가 좋아서, 하고 싶어서 했다는 사실이다.

우리는 진짜 일류가 되는 법을 알아야 한다. 일류라는 건 단지 사회적 지위와 명예를 가진다는 걸 전제하는 것이 아니다. 우리 주위에는 이미 수많은 일류들이 존재한다. 난 고교 시절 체육대회를 준비하며 진짜 일류를 보았다. 같은 중학교를 졸업하고 축구로는 전주에서 이름 꽤나 날릴 정도로 운동을 잘하던 석하라는 체육부장 친구가 있었다. 체육대회를 앞두고 전 학년의 대진표를 짜야 하는 일을 그 친구가 맡게 되었다. 여러 종목의 대진을 경기 시간이 겹치지 않게 짜야 했는데 옆에서 지켜보는 내 머리가 다 아플 지경이었다. 한 일주일은 고생했던 것 같다. 쉬는 시간, 점심시간 가리지 않고 틈만 나면 그 친구는 대진표를 들여다보았다.
"뭘 그렇게 복잡하게 고민하냐? 대충 시간만 안 겹치게 하면 되지."라며 안쓰러운 마음에 괜히 퉁명스레 물었다.
그러자 그 친구가 '나도 그러고야 싶지.'라는 표정으로 대답했다.
"한 종목 끝나고 충분한 휴식시간을 갖고 다음 경기를 할 수 있도록 대진표를 짜야 진행이 원활하게 이뤄질 거 같아서. 그래야 내가 맘이 편할 것 같아."라며 내가 미처 생각하지 못한 부분들까지 고민하고 친구들을 배려하고 있었다. 다른 이들이 이러한 고생을 알 리 없을 거라는 걸 알면서도 한 마디 불평불만 없이 본인의 쉬는 시간까지 투자해가며 대진표를 짜는 친구의 모습이야말로 진짜 일류의 모습이었다.

그렇다고 내가 지금 일류라는 건 절대 아니다. '진짜' 일류가 되기 위해 여전히 노력 중인 한 사람일 뿐이다. 난 일류가 아니더라도 내가 하고 싶은 것을 하며 멋있게 살고 싶었다. 많은 학생들이 자신의 능력을 개발하여 국가의 역량을 강화할 수 있는 진짜 일류들이 넘치는 세상이 되었으면 좋겠다. 모르는 문제가 있어도 절대 가르쳐주지 않는 친구들, 실수를 저지른 친구에게 똑같은 방법으로 되갚아주는 친구들, 그런 친구들을 볼 때면 마음이 답답했다. 사회 구조가 원하는 일류의 기준이 이미 성적으로 정해져 있는데 어찌 그 외의 것으로 자신을 개발해서 일류가 되겠냐고 반박할 수도 있다. 하지만 조금씩 변화시키려고 노력해야만 한다. 이러한 사회 구조를 원망하고 원하지도 않은 일을 하며 평생 한 번뿐인 인생을 살 순 없지 않은가. 진정 본인이 원하는 것이 무엇인지, 보람을 느낄 수 있는 것이 무언지 찾아보려는 노력을 해야 한다.

물론 공부를 하지 말라는 것이 아니다. 또한 공부를 열심히 하고 잘하는 사람을 비난하는 것도 아니다. 나도 고등학교 시절 죽어라 공부도 해봤다. 단 한 번이었지만 고 3 때 전국모의평가에서 언·

수 · 외 합 전교 1등도 해봤다. 왜 그런 날 있지 않은가. 헷갈려서 찍은 수학문제들이 정답이 되는 날. 사실 공부한 원인이 아주 가관이었다. 수능을 6개월도 안 남긴 시점이었지만 꼭 참가하고 싶은 대외활동이 있었다. 1박 2일간 진행되는 행사에 참가하기 위해선 결석이 불가피했기에 학년부장 선생님의 허락을 받아야만 했다. 다짜고짜 학년부장 선생님을 찾아갔다. 아직도 학년부장 선생님의 표정이 잊히질 않는다. '네가 아주 제정신이 아니구나.'라는 표정을 지으며 "수능이 얼마나 남았다고 거길 가니, 여태까지 한 활동으로 충분하지 않아? 이번엔 안 된다."라고 단칼에 거절하셨다. 그러나 너무나 가고 싶었기에 쉽사리 포기할 수 없었다. 무슨 용기였는지는 모르겠으나 선생님께 감히 협상을 시도했다.

"어떻게 하면 보내주실 건가요? 쌤~저 진짜 가고 싶습니다. 이번 6월 전국모의고사에서 전교 10등 안에 들겠습니다. 그러면 보내주실 겁니까?"

지금 생각해 봐도 정말 제정신이 아니었다. 전교 20등 안팎이었던 나에게 10등 안에 든다는 것은 결코 쉬운 일이 아니었다. 10등 안에 존재하는 넘을 수 없는 벽들이 있지 않은가. 선생님께선 '이번엔 네가 아주 단단히 미쳤구나.'라는 표정으로 말씀하셨다.

"오케이, 어디 한번 해봐라. 10등 안에 들면 보내줄게. 대신 이번에 10등 안에 못 들면 수능 때까지 조용히 공부만 하는 거다."

알겠다며 당차게 말은 하고 나왔으나 교무실 밖을 나서는 순간부터 사태 파악이 되기 시작했다.

'내가 도대체 무슨 생각으로 그랬을까. 아… 정말 내가 미치긴 했구나.'

하지만 이미 엎질러진 물이었다.

'에라이 모르겠다. 이왕 이렇게 된 거 할 때까지 해보자. 어떻게든 되겠지.'

막연한 다짐과 함께 생각을 고쳐먹고 Top 10 프로젝트에 돌입했다. 의지가 약해질 때면 대외 활동을 하며 행복해하고 있는 내 모습을 상상했다. 이루고 싶은 목표가 생기니 열정은 자연스레 뒤따라왔다. 그렇게 한 달여의 시간이 흘러 모의고사를 보았고 결과가 나오는 날이었다. 담임선생님께 성적표를 받아 들고 처음 한 말이 이러했다.

"선생님, 이거 제 성적표 아닌데요."

그러자 담임선생님께서 "나도 처음에 네 거 아닌 줄 알았다. 그거 네 성적표 맞다. 나도 깜짝 놀랐다. 무튼 축하한다."

그랬다. 눈으로 보고도 쉽게 믿을 수 없었다. 언어·수리·외국어 백분위 99%, 96%, 99% 전교 1등이었다. 그 길로 학년부장 선생님께 달려가 성적표를 고이 책상 위에 올려놓으며 "선생님, 저 다녀오겠습니다."라고 90도로 고개 숙이며 정중히 인사드렸다. 그때의 쾌감은 이루 말할 수가 없다. 물론 결과가 좋았기에 할 수 있는 말이라고 할지도 모르겠으나 설령 결과가 나빴을지라도 후회하지는 않았을 것 같다. 난 내가 그렇게 공부를 열심히 할 수 있는 사람인지 몰랐다. 의자에만 앉으면 엉덩이에 쥐가 나는 체질이라고 생각했었다. 하지만 하고 싶은 일을 위한 확실한 목표가 생기니 모든 열정을 공부에 쏟아부을 수가 있었다. 물론 그 후로 공부를 열심히 하지 않아 성적이 하향 곡선을 그렸으나 너무나 값진 경험이었다. 결론은 '목적 없이 막연히 열심히 공부하다 보면 어떻게든 잘되겠지.'라는 생각보단 본인이 진정 하고 싶은 것을 위한 공부를 하는 것이 훨씬 도움이 된다는 것이다.

배추벌레의 변신
— 교복변경 추진위원회 학생위원장

얼마 전 종영된 청소년드라마 〈학교 2013〉을 참 재밌게 봤다. 무엇보다 드라마를 보며 고등학교 시절로 돌아가 다시 한 번 교복을 입고 싶다는 생각이 많이 들었다. 드라마에서 나오는 교복이 하도 예쁘고 멋있어 옷장에서 교복을 꺼내 입어봤다. 역시나 현실과 드라마는 달랐다. 다시 옷장 속에 고이 넣어 두었다. 그래도 오랜만에 교복을 꺼내 입으니 학창 시절 추억과 함께 고등학교 교복 관련 일화가 떠올랐다.

고등학교에 입학하기 몇 년 전부터 동암고 교복이 학생들의 구설수에 올랐다. 교복에 대한 디자인, 실용성, 안전성 등 여러 가지 문제점들이 제기되어 자주 논란이 된 것이다. 일부 중학생들이 교복문제로 본교를 회피한다는 소문이 돌기도 했다. 사실 나 역시도 처음 동암고 교복을 봤을 때 실로 경악을 금치 못했다. 진녹색의 교복이었는데 점심시간 급식소 한곳에 모여 식사하는 아이들의 모습을 볼 때면 배추벌레 삼 사백 마리가 풀 뜯어 먹고 있다는 말이 실감날 정도였다. 채소가 듬뿍 담긴 비빔밥이라도 나오는 날이면 실로 그 모습이 장관이었다. 한창 외모에 관심이 많을 학창 시절엔 충분히 화두가 되고도 남을 일이었다. 교복은 학창 시절 외적으로 유일하게 멋을 낼 수 있는 수단이었다. TV 드라마에 나오는 삐까번쩍한 교복은 아니더라도 적어도 7080 시절의 느낌은 좀 벗어나고 싶다는 것이 대부분 아이들의 소망이었다.

물론 미관상의 문제만 있었던 것은 아니다. 어두운 교복 색으로 인해 밤에는 사고의 위험도 높았고 신축성이 없어 실용성 등의 문제도 제기되었다. 매년 간부 수련회 때마다 교복에 대한 회의를 하였지만 적절한 해결책을 내놓지 못했다. 1학년 때는 학급실장으로 월례회 때면 선배들의 의견을 듣고 마음속으로만 의견을 정리 했다. 하지만 2학년 전체 부회장이 되고 나서 더 이상 교복 문제가 아무 해결책 없이 부표 위에 둥둥 떠다니는 모습을 보고 있을 수만은 없었다. 분명 교복에 대한 애로사항이 많았기에 지속적으로 구설수에 오르는 것이라 생각하고 교복에 대한 문제점에 관해 좀 더 구체적인 의견을 듣고자 학생들에게 설문지 조사를 실시하였다. 설문조사를 통해 교복의 문제점을 자세히 알아내고 체계적으로 정리했다.

그 후 교장, 교감, 학생부 선생님들과 논의한 결과 교복 변경위원회를 조직하게 되었다. 교복 변경위원회 학생위원장을 맡아 교복 디자인, 실용성 평가, 교복 업체와의 면담을 통해 교복 변경을 최종적으로 확정했다.

막상 교복을 변경한다고 하니 마냥 기쁘지만은 않았다. 학교의 역사와 전통을 고스란히 담고 있는 교복을 변경한다는 것이 결코 쉬운 일은 아니었다. 하지만 해마다 구설수에 오른 교복 문제를 안고 가는 것도 옳은 일이 아니라고 판단했기에 학생들의 편의와 안전을 위해 교복 문제를 해결하기로 결심했던 것이다.

물론 선배님들께는 송구스런 마음도 있지만 새 교복을 입고 좀 더 당당하게 걷는 후배들을 보면 해야 할 일을 한 것 같아 뿌듯하기도 했다. 한 가지 아쉬운 점이 있다면 동문 선배님들께도 변경 사실을 알리고 자문을 구했더라면 좀 더 좋지 않았을까 하는 생각도 든다.

졸업할 때까지 우리 동기들은 새 교복을 입어 보지 못했지만 기존 교복을 입은 마지막 기수라는 사실만으로도 충분히 의미 있는 시간이었다. 비록 교복은 바뀌었지만 한문으로 된 명찰을 비롯하여 '동암인'이라는 사실은 변함이 없기에 모교의 미래가 항상 빛나길 바란다.

다시 고등학생 때로 돌아가고 싶다는 대학생 선배들의 이야기를 학창 시절엔 공감하지 못했다. 도대체 왜 다시 그때로 돌아가고 싶은 건가? 하다못해 별 걱정 없던 유년 시절도 아니고 비교적 자유로웠던 초등학생 시절도 아닌 왜 하필 고등학교 시절로 돌아가고 싶다고 하는지 이해가 되지 않았다. 수없이 많은 제약들과 압박감이 존재하던 때로 어째서 다시 돌아가고 싶은지 나로선 도무지 알 수가 없었다. 하지만 시간이 지나 대학생이 되고 한 살 한 살 나이를 먹어 가며 조금은 알 것 같다. 학생 신분으로서 제약도 많고 학업에 대한 부담감도 있지만 온종일 붙어 있으며 공통분모를 가진 친구들과 함께한 그 시절 무엇보다 값진 추억이 많이 남아 있기 때문이다. 물론 추억에 우열이 존재한다고 생각하진 않지만 우리는 그 시절 수많은 고민을 함께 나누고 숱한 역경에 같이 마주했다. 또한 그 시절 우리는 의식의 사회화가 진행되고 있었고 이와 더불어 자의식이 한층 더 성장했다. 어느 대학의 어느 과를 혹은 무슨 일을 할지를 진지하게 고민하기 시작했고 자연스레 이에 따라오는 불안감을 옆에 있던 친구와 공유하게 되었다. 정의감과 의리가 가장 빛나던 시기이기도 했다. 함께 있으면 뭐든 해낼 수 있을 것 같은 용기와 자신감이 있었다. 별다른 계획 없이도 친구들과 함께하면 언제라도 즐거웠다. 버스비만 있다면 웃음을 만들고 우정을 쌓기에 충분했다. 사소한 이야깃거리 하나로도 온종일을 웃을 수 있었고 운동장에서 볼을 찰 수 있는 체육 시간이 있는 날이면 그 전날부터 설레었다. 또한 가장 고민이 많았던 시기인 동시에 가장 가능성 많았던 시기가 바로 학창 시절이었다. 명과 암이 한곳에 어우러진 인간적인 시기였던 것 같다. 우리는 힘든 상황 속 무한한 가능성을 가지고 있었다. 우리에겐 무엇이든 할 수 있는 가능성이 있었고 그 가능성을 스스로 선택할 수 있었던 것이다. 그렇기에 더욱 고교 시절이 기억에 남는 건 아닐까?

만일 그 시기로 다시 돌아갈 수 있다면 난 친구들과 좀 더 많은 이야기를 나누고 싶다. 말 그대로 그냥 이런저런 이야기를 하고 싶다. 성적으로 누군가를 질투하고 더 높은 점수를 받기 위해 책과 씨름하기보단 친구들과 좀 더 대화하고 고민하고 싶다. 진짜 친구, 진짜 추억, 진짜 재미, 더 나아가 진짜 나를 알 수 있는 그때가 그립다.

시간이 흘러 미화되어버린 건지도 모르는 그 시절이 아련하다. 추억은 일종의 만남이 아닐까. 과거의 나를 다시 만나 되돌아볼 수 있게 해주는 그런 만남 말이다. 시간은 흘러 다시 돌아오지 않겠지만 추억은 남아 우리 곁을 절대 떠나가지 않을 것이다. 두 번 다신 오지 않을 지금의 소중한 순간들을 훗날 값진 추억으로 남기기 위한 노력이야말로 10년, 20년이 지난 후 나에게 주는 가장 멋진 선물이 아닐까 싶다.

스모그 줄이기
― 금연, 폭력 없는 학교 만들기 캠페인

내 얼굴을 자세히 들여다보면 코뼈가 왼쪽으로 살짝 휘어져 있다. 어머니께선 아직까지도 벽에 부딪혀서 그런 줄 아시지만 사실 싸우다가 휘어진 것이다. 왜 싸웠는지는 잘 모르겠으나 무지하게 아팠던 건 기억난다. 친구들과 19세 마지막 날 "내일이면 쉴드가 풀린다. 조심하며 살자."고 우스운 농담을 주고받았던 기억이 난다.

고등학교 2학년 때였다. 한창 학교폭력이 사회문제로 조명되고 있었다. 학생부에선 학교폭력 단속 기간에 금연, 비폭력 캠페인을 진행했다. 학생회 임원들은 자연스레 아침 일찍 나와 금연과 비폭력에 관련된 문구가 적힌 피켓을 들고 정문에 서 있었다.

'사랑과 우정이 넘쳐 학교 폭력이 없는 동암'이라는 다소 손발이 오그라드는 슬로건 아래 캠페인을 전개해 나가기 시작했다. 아침 일찍부터 진행되는 캠페인에 피곤함이 몰려와 솔직히 짜증이 나기도 했다. 이에 그치지 않고 점심시간에도 급식소 앞에서 캠페인을 전개했다.

그러던 중 하루는 흡연을 하던 같은 반 친구가 '야! 담배 피우려 해도 네 얼굴이 생각나서 못 피겠다.'라고 던진 한마디에 알 수 없는 뿌듯함이 밀려왔다. 물론 쉽게 담배를 끊을 친구는 아니지만 그래도 한 번쯤 친구들이 고생하는 걸 생각해주고 두 번 필 걸 한 번만 피었다면 그걸로 충분했다.

정기적인 금연, 비폭력 운동으로 자연스레 흡연, 폭력이라는 단어가 학생들 마음속에서 조금은 사라지고 화장실도 많이 쾌적해졌다. 흡연과 폭력이 아니라도 충분히 즐거운 추억을 쌓을 수 있다는 걸 우린 잘 알고 있다. 이러한 운동을 전개하며 학교에 대한 사랑과 자부심이 자연스레 더해졌.

누구나 처음부터 본인이 속한 집단에 자부심을 갖기는 쉽지 않다. 좋은 전통을 만들기 위해 노력할 때 시간이 지나면서 더욱더 큰 소속감과 자부심을 가질 수 있을 것이다.

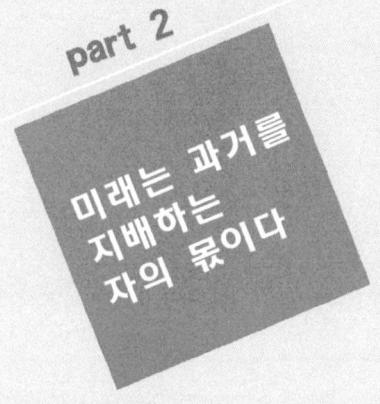

part 2

미래는 과거를 지배하는 자의 몫이다

우물을 뛰쳐나온 개구리
회장 중의 회장으로 내디딘 첫걸음
당신의 배려, 이웃과의 동행
미래는 과거를 지배하는 자의 몫이다
낭중지추, 새롭게 해석된 그날의 기억

Part2 프롤로그

우물을 뛰쳐나온 개구리

2009년 12월 28일.

내 인생의 두 번째 터닝 포인트가 시작된 날이다. 대한학생회 회장으로 당선되었다. 앞서 언급했던 바와 같이 첫 번째 터닝 포인트는 아버지와 함께한 유럽 공연이었다. 이를 통해 나의 꿈과 목표에 대한 확신을 가지게 되었다면 두 번째 터닝 포인트를 통해 진정한 리더십과 경험의 소중함을 좀 더 깊게 알 수 있었기 때문이다.

고등학교 3학년 학생회장 재임 기간 청소년대표자연합(現대한학생회)에서 주관하는 제5회 전국 고교학생회장 토론회 및 리더십 연수에 참가했다. 이를 계기로 대한학생회에 가입하여 여러 활동에 참여하였다. 전국에 있는 학생회장들을 만난다는 것만으로도 너무나 설레었다. 기대 이상으로 너무나 다양하고 개성 있는 친구들을 만날 수 있었다. 사람 만나기 좋아하던 나로서는 단체에 가입하지 않을 이유가 없었다. 물론 단체 활동을 하면서 사람을 통해 감동 받기도, 상처받기도 했다. 그러나 분명한 건 이를 통해 좀 더 성숙해질 수 있었다는 점이다.

전국 전·현임 고등학교 학생회장들로 구성된 대한학생회는 학생참여운동, 학업증진운동, 정의사회운동을 전개하는 3대 운동과 정의正義, 정직正直, 성실誠實, 예의禮儀를 지키는 4대 정신을 통하여 국가와 국민의 발전에 기여함을 목적으로 설립되었다. 각 기수는 고등학교 3학년과 대학교 1학년, 총 2년간의 임기 동안 활동하게 된다. 고등학교 3학년 때는 대학교 1학년 선배들과, 대학교 1학년 때는 고등학교 3학년인 후배들과 함께 현임 두 기수 체제로 활동하는 것이다. 나는 대한학생회 7기로 선발되어 동기들과 임원으로서 약 1년간의 활동을 하였고, 대학 입시가 끝난 후 7기 회장을 뽑는 자리에서 당선되어 대표가 되었다. 사실 회장 선거를 하기 전까지만 해도 '대한학생회 회장 왕준호'의 모습은 단 한 번도 상상해 본 적 없었다. 동기들과 1년간 지내면서 형성된 나름의 이미지는 '코믹'이었다. 장난치는 걸 좋아하고 아이들 웃기는 것에 욕심도 있었기에 왠지 모르게 진중하고 무게감 있어야만 할 것 같은 '회장'의 이미지와는 정반대였다. 더군다나 회장 중에 회장인데 그 타이틀에서 나오는 이미지나 아우라가 오죽했겠는가. 반면 나는 죽이 잘 맞는 남자 동기 한 명과 함께 '7기 까불이 쌍두마차'라고까지 불렸었다. 이런 내가 장 중 장이라는 대한학생회 회장직이 어울리기나 했겠는가.

하지만 그날 이후 모든 게 바뀌었다. 나의 역할도, 이미지도. 심지어는 군 입대 계획을 비롯한 생활 전반에 걸친 모든 부분에서. 대한학생회 회장 선거 당일, 한 선배가 나를 후보자로 추천했다. 처음엔 정중히 거절했다. 까불이 대표이자 그저 사람 만나기 좋아했던 나는 지레 겁부터 났다. 회장이라는 직책은 단 한 번도 생각해 본 적이 없었다. 하지만 반복되는 추천에 고민이 되기 시작했다.

'재밌고 유쾌한 이미지를 이참에 바꿔볼까? 나도 나름 진지한 면도 있고 소신 있는 리더십을 갖고 있다고 생각하는데 확 한 번 보여줘?'

'아니지, 괜히 나갔다가 쟁쟁한 친구들에게 망신만 당하는 것 아냐? 그냥 조용히 있을까?'

이런저런 생각이 들었다. 그렇게 한참을 고민한 끝에 후보자에 출마하기로 결심했다. 아마 내재되어 있던 승부사 본능이 발동했던 것 같다. 어릴 적부터 유독 난 집단에 앞장서는 걸 좋아했다. 이러한 성향이 다시 발휘된 것이 아닌가 싶다. 어쩌면 내 안의 또 다른 나는 내심 추천을 기다리고 있었을지도 모른다. 타인의 평가를 즐기는 나의 명예욕과 승부욕을 새삼 다시 느끼게 된 순간이었다. 이곳에 모인 역량 있는 친구들과 함께 멋진 승부를 펼쳐볼 수 있는 기회를 놓치고 싶지 않았다. 안 하고 후회하는 것보단 해보고 후회하는 것이 훨씬 낫다는 생각에 도전하기로 마음을 굳힌 것이다. 단순한 명예욕을 넘어서 이 자리에서 이 기회를 놓친다면 평생 후회를 할 것만 같았다. 물론 출마하기로 결심하면서 회장이 된다면 그간 나의 역할과 이미지의 변화, 단체를 위해 헌신하겠다는 의지를 다짐하며 후보자 자리에 앉았다.

  나를 포함한 총 다섯 명의 후보가 출마했다. 1차 선거를 통해 다 득표자 두 명이 최종선거에 올라가고 그 후 최종선거를 통해 회장이 선출되는 방식으로 총 두 번의 선거가 진행되었다. 후보자 다섯 명은 선배들과 동기들의 질의응답에 정해진 발언 시간을 통해 대답하게 된다. 정말 긴 시간 동안 선거가 진행되었다. 오후 한 시 무렵에 시작된 질의응답은 저녁 여섯 시가 될 때까지 계속되었다. 내 평생 한 번에 그렇게 많은 질문을 받아보긴 처음이었다. 시사에 관련된 질문부터 재치를 요구하는 질문까지 어느 한 가지 긴장되지 않는 질문이 없었다. 홈쇼핑 쇼 호스트가 되어 나를 상품처럼 팔아보라는 질문에 얼굴에 철판을 깔고 나를 어필하던 모습이 아직도 생생하다. 답변에 있어 무엇보다 중요한 것은 단순한 위기모면이 아니었다. 내 소신과 가치관을 가지고 단체의 회장으로서 어떤 역할을 할 수 있는지를 보여주는 것이 중요했다. 진심을 다해 선배들과 동기들의 질문에 답변하였고 운 좋게도 최종선거에 올라

가게 되었다. 그 후로도 두 시간여 가량의 질의응답이 계속되었다. 최종선거에서의 질문은 더욱 날카로웠다. 그중 한두 가지 정도의 질문이 아직도 기억에 남는다. 회장으로 당선되어 대한학생회 행사와 고등학교 학생회 행사가 겹쳤을 때 어디에 가겠냐는 질문을 받았다. 사실 어느 한 곳을 선택하기가 너무 힘들었다. 나를 이 자리에 있게 해준 이유가 동암고등학교 학생회장이었기에 대한학생회 행사에 참석하고 고등학교 학생회의 행사에 참석하지 않는 건 초심을 잃어버리는 것과 마찬가지라고 생각했다. 그렇다고 대한학생회 행사에 참석하지 않는 건 나를 뽑아준 동기들에게 너무나 큰 실망감을 안겨주는 것만 같았다.

　'치킨이 좋아? 아니면 피자가 좋아?' 이 질문엔 한 치의 망설임 없이 치킨이 좋다고 대답할 수 있겠지만 이 질문은 치킨이라면 사족을 못 쓰는 나에겐 '후라이드 치킨이 좋아?, 양념치킨이 좋아?'라고 묻는 것과 다를 바 없었다. 치킨에 선택이라니, 그건 치킨에 대한 예의가 아닌 것처럼 어느 하나 섣불리 선택하지 못했다. 어쨌든 한 곳을 선택해야 했기 때문에 이렇게 답했다. "제 나름대로의 기준을 가지고 행사의 경중을 따지겠습니다. 제가 조금이라도 더 필요한 곳에 가겠습니다. 예를 들어 대한학생회의 가장 큰 연례행사인 토론회 및 리더십 연수와 겹칠 경우 당연히 대한학생회 행사에 참석할 것입니다. 그리고 제가 참석하지 못하는 곳에는 저의 역할을 대신할 누군가를 보낼 것입니다. 밤을 새서라도 제 역할을 대신

해줄 친구와 논의하여 다른 한 곳에 결코 피해가 가지 않도록 할 것입니다." 누구나 할 수 있는 답변이었지만 결코 가벼이 대답할 수 있는 질문은 아니었다. 또 한 가지, 글로벌 리더로서의 역량을 보고 싶다며 외국어로 본인을 소개해보라는 질문도 기억이 난다. 앞의 친구가 유창한 영어실력으로 본인 소개를 했다. 나 역시 부족한 영어로나마 내 소개를 진행할까 했지만 긴 시간 선거에 지쳐 있던 선배와 동기들에게 활력이 되어주는 답변을 해야겠다는 생각이 들었다. 아마 꾹 참아왔던 개그 욕심이 순간 발동했던 것 같다.

"제 외모를 보십시오. 약간 중동의 느낌이 나지 않습니까? 아랍어를 할 줄 압니다. 놀라지 마십시오."

그리곤 하지도 못하는 아랍어를 중국어를 섞어가며 흉내 냈고 장내는 웃음바다가 되었다. 질문을 가벼이 여긴 것은 아니었다. 다만 지쳐 있는 동기들에게 때론 활력소가 되어 줄 수도 있어야 한다는 마음에 재밌는 답변을 했던 것이다. 그 후 몇 번의 질의응답 끝에 최종 투표가 진행되었다.

사실 개표 과정만 놓고 보면 고등학교 학생회장 선거 때보다 훨씬 떨렸다. 고등학교 학생회장 선거는 학생회 임원들이 밀폐된 공간에서 개표하기 때문에 개표 과정은 알지 못한 채 방송을 통해 당선자를 알 수 있었다. 반면 대한학생회 회장 선거는 실시간으로 개표 상황을 볼 수 있었다. 투표한 용지를 모아 그 자리에서 한 장씩 열어 본 후 적혀 있는 후보자의 이름을 호명한다. 상대와의

표 차이가 눈앞에 보이니 얼마나 긴장이 되겠는가? 애써 담담한 척 지켜보았지만 속은 타들어갔다. 박빙의 승부가 계속되었다. 드디어 마지막 한 장의 투표용지의 후보자 이름이 호명되었다. 놀랍게도 칠판에 적힌 내 이름 옆의 '바를 정'자가 더 많이 적혀 있었고 마침내 대한학생회 7대 회장에 당선되는 영광을 거머쥐었다.

당선의 기쁨도 잠시, 처음 대한학생회 회장이라는 자리는 너무나 큰 부담으로 다가왔다. 함께 후보로 나온 동기들 중 누가 당선되더라도 회장직을 훌륭히 수행할 거란 믿음이 있었기에 더욱 큰 부담이었다. 각자 고등학교에서 학생회장으로 유능함과 리더십을 인정받은 동기들이었기 때문에 이들의 리더 역할을 잘할 수 있을지 걱정이 앞섰다. 더불어 앞으로 함께하게 될 후배들을 잘 이끌어 줄 수 있을지에 대한 의구심이 머릿속에서 떠나질 않았다. 이런 내 마음을 알기라도 하듯 동기들은 "힘내 왕 회장", "우린 너 믿어."라는 말을 회의와 행사 때마다 전해 주었다.

진심이 담긴 믿음의 한 마디가 훗날 회장직을 수행함에 있어 정말 큰 힘이 되었다. 하나둘 모인 동기들의 믿음은 일을 추진해 나갈 수 있는 자신감을 갖게 했다. 이처럼 자신을 믿고 묵묵히 따라 주는 누군가가 있다는 것은 리더로서는 더 없이 복받은 일이며 이 믿음에 보답하기 위해 노력하는 것이 얼마나 중요한지 느끼게 되는 순간들이었다.

무엇보다 소중한 것은 '함께'한다는 것이었다. 어떤 사회나 조직,

단체에서도 리더만 존재할 순 없다. 구성원이 존재하기에 리더가 존재하는 것이다. 리더는 '내가 이끄는 우리'보다 '우리들 속의 나'라는 인식이 우선할 때 비로소 진정한 리더십이 발휘된다고 생각한다.

대한학생회 회장이 된 후 1년 동안 의미 있는 활동도 많이 했고 이를 통해 많이 배우고 성장할 수 있었다. 고등학교 3학년 때 대한학생회에서 주최하는 '전국고교학생회장 토론회 및 리더십 연수'에 참가했을 때 행사를 진행하는 선배들을 보며 생각했다. '나보다 겨우 한 살 많을 뿐인데 어떻게 이렇게 큰 행사를 문제없이 진행할 수 있을까.' 너무 멋져 보였다. 그리곤 다짐했다. 나도 꼭 이러한 행사를 진행해 보겠다고.

우물 안 개구리였던 나는 좀 더 넓은 세상을 보았다. 하지만 가만히 앉아 넓은 세상을 바라만 보고 있지는 않았다. 산, 들, 바다를 보며 다양한 경험을 찾아 나선 것이다. 대한학생회를 통해 '전국고교학생회장 토론회 및 리더십 연수', '사랑의 바자회', '경술국치 100년, 그 아픔을 되새기다.'와 같은 크고 작은 행사들을 동기들과 함께 직접 준비하고 진행했다. 물론 행사 진행을 위한 후원도 수없이 거절당해보았다. 목적지에 도달하기까지 실패도 많이 했고 어려운 순간도 많았지만 결코 포기는 하지 않았다. 좌절하면서 일어나는 법을 배우기도 했다. 그리곤 마침내 동경하던 목적지에 도달하여 바라만 보고 생각만 하던 것들을 직접 경험했다. 우물로 돌아가 목을 축이기엔 아직 수많은 경험들에 더욱 목마른 지금이다.

회장 중의 회장으로 내디딘 첫걸음
— 제6회 전국고교학생회장 토론회 및 리더십 연수

대한학생회 7대 회장으로 선출된 후 첫 행사로 '제6회 전국고교학생회장 토론회 및 리더십 연수'를 치르게 되었다. 아직 회장 역할에 적응하기도 전에 단체의 가장 큰 행사인 토론회 및 리더십 연수를 준비하게 되어 걱정이 앞섰다. 선배들께서 함께해 주시기에 안정을 찾으려 애썼으나 마음 한편에서 밀려오는 불안함은 떨쳐 버릴 수가 없었다. 행사 당일 직접 진행을 해야 하는 조장이나 사회자와 같은 역할은 나를 포함한 현역 기수들이 해야 했기 때문이다.

이러한 역할들을 정함에 있어 최종 결정 또한 나의 몫이었다. 조장과 사회자를 지원한 동기들을 중심으로 하나하나 역할을 결정

해야 했다. 물론 고등학교 학생회를 운영할 때도 인사와 관련한 결정들을 해본 적은 있었다. 하지만 이곳에서의 결정은 훨씬 더 어렵게 느껴졌다. 모두들 나와 같은 학생회장이고 리더의 역할을 했던 친구들에게 무언가를 지시하고 부탁한다는 게 결코 쉬운 일이 아니었다. 총 열두 명의 조장을 뽑아 세 개 부문(교육과학기술부, 통일부, 보건복지가족부) 각 두 개조로 나누어 조별 두 명의 조장을 팀으로 정해야 했다. 내 결정으로 인해 혹여 자존심 상하지 않을지 상처받지는 않을지 별의별 걱정을 다했다.

지금 돌이켜보면 괜한 걱정을 했다는 생각이 들지만 그때는 머리가 다 빠질 지경이었다. 가뜩이나 수리에 약했는데 경우의 수를 생각하려니 얼마나 고생했겠는가. 저마다 뛰어난 리더십과 장점이 있기에 최선의 조합으로 최고의 효과를 내고 싶었다. 예를 들면 차분한 친구와 쾌활한 친구가 팀을 이루게 되면 한 명이 조 전체의 전반적인 분위기를 잡아주게 되고 그 틀 안에서 나머지 한 친구가 분위기를 띄워 아이들을 적절히 통제할 수 있게 된다. 일반적으로 비슷한 성격의 둘이 모였을 때 더 큰 시너지 효과를 낸다고 알고 있다. 하지만 서로 다른 성격의 둘이 모였을 때 그에 못지않은 혹은 더욱 강한 조합이 탄생하는 경우가 생각보다 많다. 물론 모여서 수다 떨며 재밌는 일을 할 때에는 비슷한 성격의 친구와 함께할수록 웃음의 크기는 커지지만 공적인 부분에서는 조금 달랐다.

그래서 평소 나와는 별로 안 맞는다고 생각했던 사람들을 배척하려 하면 안 된다. 나에게 어떤 도움을 주고 어떤 영향을 미칠지 아무도 모르기 때문이다. 편견을 버릴 때 그것을 통해 새로운 것을 배우고 더 큰 시너지 효과를 낼 수 있을 것이다.

지원한 동기들 모두가 훌륭한 리더였지만 역할 수가 정해져 있던 만큼 제한적으로 선발할 수밖에 없어 너무 미안했다. 하지만 친구들은 뭐 다른 일 도와줄 것 없냐며 고생이 많다고 되려 날 다독여줬다. 참으로 훌륭한 동기들이었다. 지레 걱정부터 했다는 생각이 들었다. 과연 나였어도 이처럼 넓은 마음으로 동기를 다독여줄 수 있었을까 싶었다.

동기들의 역할 결정에 있어서도 어려움이 있었지만 행사 진행 준비를 함에 있어서도 수없이 많은 난관에 부딪혔다. 행사를 위한 장소와 토론회 시상을 위한 장관상을 후원받는 일도 만만치 않았다. 지방자치단체와 여러 대학에 기획안을 작성해서 보낸 후 직접 찾아가 행사 목적과 취지를 설명하고 도움을 요청했다. 후원에 관계되신 분들을 만날 때면 짧은 시간이라도 참으로 감사했다. 그 밖에도 장소 후원을 받기 위해 경희대 수원 캠퍼스를 일주일에 두어 번씩 방문했고 청소년 동아리 연맹의 지원을 받기 위해 사무실에 수시로 찾아가는 등 많은 수고가 필요했다.

무엇보다 장관상 후원을 받기 위해 교복을 입고 조장들과 함께 정부청사에 직접 찾아간 순간이 가장 기억에 남는다. 정장을 입은 어른들 사이에 교복을 입고 있는 내 모습은 고등학교 입학 후 두발 검사 때문에 옆머리가 휑해진 내 머리를 보는 것처럼 어색했다. '학생들이 도대체 무슨 일로 왔지?'라며 말하고 있으신 듯한 관계자분들의 표정에 주눅도 들었다. 정중히 행사 취지를 설명하고 후원을 부탁드렸다. 그때 담당자분께서 하신 말씀이 있다. "학생들이 이렇게 의미 있는 행사를 준비하다니 아주 기특하네요. 특히나 교복 입고 이곳까지 찾아오는 학생들은 거의 없는데 대단합니다." 내내 경직되어 있던 나에겐 가뭄에 단비 같은 말씀이셨다. 교복 파워를 실감한 순간이기도 했다. 행사를 준비하며 후원받는 과정에서 교복의 힘을 느끼게 될 거란 선배님들의 말씀이 그때서야 마음에 와 닿았다. 학생이기 때문에 무슨 일을 하든 제약이 많다고 생각했는데 반대로 학생이기에 얻을 수 있는 부분이 더욱 많다는 생각이 들었다.

하나하나 준비를 해가면서도 과연 이 행사를 무사히 치러낼 수 있을까라는 의문이 계속되었다. 행사 당일 참가자들을 맞이하기

위해 단체복을 입고 정문에 서 있는 동기들을 보니 '정말 행사를 하긴 하는구나.'라는 생각과 함께 힘들었던 준비 과정들이 주마등처럼 스쳐지나갔다. 교복을 입은 참가자들이 속속 도착했고 개회식 후 김태천 제너시스 BBQ그룹 사장님의 리더십 강연을 시작으로 일정이 진행되었다.

여담이지만 평소에 워낙 치킨을 좋아하던 나로서는 강연에 더욱 귀 기울였던 것 같다. 고등학교 시절 기숙사에서 친구들과 치킨을 시켜 먹던 날들을 잊을 수가 없다. 창문으로 줄넘기를 연결해서 치킨을 메달아 올리다가 사감 선생님께 걸려 줄넘기로 맞은 기억을 비롯해 일화가 참 많다. "여보세요~""네~ 평화동 ***시죠?" "네""매일 드시던 걸로 가져다 드릴까요?""네""네 알겠습니다. 감사합니다." 딱 이 세 마디면 주문 완료되는 치킨집이 서너 군데는 있을 정도로 치킨을 좋아했다.

김태천 제너시스 BBQ그룹 사장님께선 넓은 시각을 통해 리더십의 세계화를 길러야 한다고 말씀해 주셨다. 국내뿐 아니라 해외

무대에서도 활약할 수 있는 리더들이 많이 나오기 위해선 국내 문제뿐 아니라 세계 곳곳의 문제에도 관심을 갖길 당부하셨다. 외국에 과연 우리나라보다 맛있는 치킨을 만드는 곳이 있을까라는 뜬금없는 생각에 잠길 무렵 강연이 마무리되었다.

다음은 부분별 토론회가 진행되었다. 토론회는 Ⅰ과 Ⅱ로 나뉘어 진행되며 토론Ⅰ은 조별 스피치를 통해 3분간 본인의 생각을 정리해서 발표하는 방식으로 진행된다. 그 후 심사를 통해 토론Ⅱ에 진출한 학생들이 주제별 토론을 하게 된다.

교복을 입고 토론을 진행하는 참가자들을 보니 1년 전 토론회 및 리더십 연수에서 동기들과 함께했던 기억이 떠올랐다. 1년 사이 참 많은 게 변했다는 생각이 든다. 내가 앞장서서 이 행사를 준비할 줄은 정말 상상도 못했다. 물론 보이지 않는 곳에서 수고하신 많은 선배님들과 동기들의 노력으로 가능했다. 특히 조장이나 사회자와는 달리 비교적 눈에 띄는 역할을 맡지 못한 동기들이 직책에 관계없이 맡은바 임무에 최선을 다하는 모습에 많은 감동을 받았다. 영화나 드라마로 비유하면 주연이 아닌 조연의 역할인데도 최고의 행사를 위해 노력하는 모습이 너무나 멋져 보였다. 어느 조직이든 한 명 한 명 소중하지 않은 사람이 없다는 걸 다시 한 번 느끼게 되었다.

첫째 날 일정을 무사히 마치고 둘째 날은 정동영 국회의원님의 리더십 강연이 있었다. 의원님께서는 본인의 경험담을 재미있게 말씀하시며 청중들의 호응을 이끌어냈다. 무려 3권이나 되는 수첩을 직접 몸에서 꺼내 보이며 순간순간 듣고 느낀 것을 온전히 기억하기 위해 메모를 하신다는 의원님의 말씀에서 기록의 중요성을 느꼈다. 순간의 느낌과 감정을 온전히 기억하기 위해 기록으로 남긴다는 건 미래를 풍성하게 하기 위한 토대를 쌓는 일이라는 것을 새삼 인식하게 되었다.

이렇게 1박 2일의 일정이 순식간에 지나갔다. 6기 회장단 선배님들과 함께한 6회 토론회 및 리더십 연수는 다음 행사를 위한 미리배움터라고 생각될 정도로 준비 과정과 진행 과정에서 많은 것을 배울 수 있었다. 단순히 참가자일 때와 행사를 직접 준비하는 입장은 너무나 달랐다. 1박 2일 동안의 행사를 위해 몇 달간을 고생하며 준비한다는 사실이 약간의 허망함을 가져다주기도 했지만 그와는 비교도 안 될 만큼 가슴 벅찬 감격의 순간들이 그간의 모든 힘든 기억들을 치유하고 만다. 어느 한순간을 위해 수많은 노력과 고통을 감내해야 하지만 과정 없는 결과는 없듯 매순간 순간의 노력들이 최고의 순간을 만드는 일부분이라는 점을 기억하고 최선을 다해야 할 것이다.

행사를 마친 후 에피소드가 하나 있었다. 행사를 준비하기 위해 대학 신입생 오리엔테이션에 가지 못한 동기들이 많았다. 새로운 환경에서 새로운 친구들을 사귀고 그곳에서 빛날 수 있는 친구들이 이 행사에 너무 목멘 것은 아닌가 안타까웠다. 물론 본인들이 좋아서 한 일이었기에 다른 무엇보다 더욱 애정을 쏟고 최선을 다해 준비했다는 것을 알고 있었지만 그런 모습이 나에겐 고마움을 느끼게 하는 한편 미안한 마음이 들게 했다. 그렇기에 나는 행사가 끝난 후에는 오히려 동기들을 한자리에 모으거나 만나는 것을 자제했었다. 동기들이 각자의 새로운 환경에 적응하고 또 다른 친구들을 사귈 수 있는 기회를 뺏는 건 아닌가 하는 생각 때문이었다. 행사를 준비하고 진행하느라 이미 너무 지치고 힘들어 있을 동기들에게 조그마한 부담감이라도 주고 싶지 않았다. 지금 생각해 보면 정말 어리석었다고 느끼지만 그 당시 나로서는 이러한 행동이 나름의 최선의 배려였다. 그러던 어느 날 오랜만에 다함께 모인 자리에서 여자 동기들이 눈물을 보이며 말했다.

"우린 대학 오리엔테이션도 못 가서 친구들도 많이 사귀지 못했는데, 그래서 7기 동기들이 전부인데 준호 넌 우리랑 다르게 잘 적응하고 즐거운 것 같아 보이더라. 그게 좀 섭섭하고 서운해."

동기들의 진심을 듣자 눈물이 핑 돌았다. 나는 친구들이 새로운 환경에서 적응할 수 있도록 배려한답시고 한 행동이었는데 도리어 아이들에게 상처를 준 것 같아 너무 가슴이 아팠다. 때론 진심을 표현하는 것이 진정한 배려가 아닌가 하는 생각이 들었다. 비 온 뒤에 땅이 굳어진다고 서로의 마음을 확인하고 난 후 더욱 사이가 돈독해졌다. 지금도 힘든 일이 있으면 가장 많이 생각나고 먼저 찾게 되는 친구들이 대한학생회 7기 동기들이다. 우린 소꿉친구도 아니었고 그렇다고 각자의 고등학교 학창 시절을 공유하지도 않았지만 학생회장이라는 비슷한 경험을 바탕으로 짧은 시간 동안 그 무엇과도 바꿀 수 없는 인연의 끈으로 서로를 위하고 의지하는 존재가 되어버렸다.

아직도 종종 힘이 들 때면 핸드폰에 저장되어 있는 문자 한 통을 꺼내 본다. 나와 가장 가깝게 지내는 동기이자 친구인 최병화가 보낸 문자이다. 그 내용의 마지막은 이렇게 마무리된다.

"준호야, 나는 너의 영원한 아군이다."

남들이 보기엔 잔뜩 멋이 들어간 말이라고 생각할지도 모르나 이 한 마디가 나를 다시 일으켜세우는 원동력이 된다. 얼마나 든든한가. 항상 나의 곁에서 머물며 나의 실수를 지적하기도 감싸주기도 하며 나의 성공을 함께 기뻐해 줄 영원한 내 편이 있다는 사실만으로도 앞으로 살아가기에 큰 힘이 된다. 시간이 지나 각자의 삶 등 여러 이유로 서로 떨어져 있게 되더라도 항상 마음으로 함께 할 수 있는 동기들을 얻은 나는 참 운이 좋은 사람이다.

당신의 배려, 이웃과의 동행

— 2010 대한학생회 사랑의 바자회

    대한학생회는 각 기수마다 모토가 있다. 우리 7기의 모토는 상대방의 입장에서 한 번 더 생각하고 행동하여 서로에게 도움을 주자는 의미의 '배려'이다. 두 기수 체제에서 함께 현임으로 활동한 8기 후배들의 모토는 '동행'이다. 조금은 더디더라도 힘을 모아 항상 함께 나아가자는 의미였다.

    이러한 모토는 단순히 단어가 주는 형식적인 의미를 넘어 행사를 진행하거나 힘든 일이 있을 때면 '초심'으로 돌아가 마음을 다잡아주고 기운을 북돋아주는 원동력이었다. "7기 모토는 배려잖아."라는 말을 들을 때면 좀 더 '배려' 스러운 7기 회장이 되어야겠다는 다짐을 하게 될 정도로 '배려'라는 단어는 나의 모토와도 같았다.

'당신의 배려, 이웃과의 동행' 어쩌면 바자회는 7기, 8기의 필연적인 행사였을지도 모른다는 생각이 들 정도로 두 기수의 모토와 너무나 잘 어울리는 취지의 행사였다.

  7기, 8기 현임기수 연간 계획을 세우는 자리에서 바자회를 진행하면 어떨지에 관한 의견이 제시되었다. 토론회 및 리더십 연수와 같은 학생 참여행사 외에도 주변의 불우한 이웃들을 돌아보고 도움을 줌으로써 사회적 책임을 다하는 리더로서의 역할을 실천하자는 취지였다. 임원들의 물품을 모아 바자회를 진행하기로 결정하고 행사 준비를 시작했다. 역시나 가장 중요한 부분이 장소 관련 문제였다. 유동인구가 많고 접근성이 편리한 장소를 생각하다 보니 공원이 제일 먼저 떠올랐다. 하지만 접촉 결과 광화문 광장, 어린이대공원, 상암 월드컵 공원, 보라매공원 등 대부분의 공원에선 규정상 바자회를 진행할 수 없다는 답변이 돌아왔다.

  길거리에서 무턱대고 바자회를 진행할 순 없기에 고심 끝에 학교에서 진행하기로 하고 임원들 중 한 명의 모교인 영신고등학교에서 행사를 해도 된다는 허락을 받게 되었다. "나~는 영신고신영~거꾸로 해도 영신고신영~"이라는 임팩트 있는 자기소개로 유명한 박신영 임원과 함께 장소를 허락해주신 선생님께 감사 인사를 드리기 위해 직접 찾아뵈었다. 교감 선생님께서는 학생들이 책에서 배울 수 없는 부분을 직접 경험하고 느낄 수 있는 기회가 좀 더 많아졌으면 좋겠다고 말씀하시며 바자회 진행을 흔쾌히 허락해

주었고 따뜻한 조언의 말씀도 잊지 않으셨다. 또한 요즘은 진정한 교육의 의미가 많이 퇴색된 것 같다며 아쉬워하셨다. 교감 선생님의 말씀을 들으며 마치 내가 고등학생으로 돌아가 진짜 교육을 받고 있는 기분이 들었다.

 요즘은 뉴스에서 학생들 관련 문제를 자주 접하게 된다. 나 역시 이런 말을 하기엔 민망할 정도로 고등학교를 졸업한 지 얼마 되진 않았지만 친구들과 10대들에 관한 문제를 접할 때면 "어휴 요즘 학생들 무서워, 우리 때까지만 해도 저 정도는 아니었는데." 라는 말을 하곤 한다. 심지어는 선생님들조차 학생을 무서워하는 시대가 왔다. 입시 위주의 교육이 만든 폐단인지 학생인권이라는 명분 아래 무조건적인 자유와 권리를 보장받길 원하는 학생들의 그릇된 인식이 문제인지는 모르겠으나 시대가 변했으니 학생들도 변했다고 고개를 끄덕이며 용인할 수 있는 정도는 아닌 것 같다. 물론 몇몇 학생들의 과오를 학생들 전체의 문제로 돌리는 것도 옳지 않지만 분명 다시 한 번 되돌아보아야 할 점이 있다고 생각한다. 학생인권의 보장은 반드시 이뤄져야 하는 것이지만 책임이 따르지 않는 자유는 방종에 불과할 것이다.

 이러한 시점에서 교감 선생님과 같은 교육관을 가진 선생님들이 좀 더 많아졌으면, 그리고 시대가 변했다는 명분 아래 학생들을 쉽게 포기하지 않으셨으면 하는 마음이 간절했다. 다시 한 번 감사 인사를 드리며 학교를 나와 주변을 둘러봤다. 어떻게 하면 좀 더 많은 분들이 바자회에 참여할 수 있을지 홍보 방법을 고민했다. 언론홍보위원회에서는 홍보영상을 직접 제작하여 온라인 사이트에 게재하는 등의 홍보를 했고 행사 이틀 전부터는 조를 나누어 출·퇴근 시간에 지역 주민들께 포스터를 나눠드리며 오프라인 홍보도 병행했다.

 바자회 당일까지 총 700여 개 가까운 수량의 물품을 모을 수 있었다. 옷이나 책을 비롯하여 장난감, 액세서리 등과 같은 다양한 물품들의 상태를 확인하여 등급을 나누어 가격 책정 및 분류 작업을 진행했다. 당일에는 간단한 먹거리와 음료도 함께 판매했다. 임원들의 노력과 홍보가 빛을 발하였는지 생각보다 많은 지역 주민들이 바자회에 참석해 주셨다. 단체 선배님들도 방문하여 물건을 구매하고 고생한다며 덕담을 아끼지 않으셨다.

무사히 행사를 마친 후 피드백 회의도 잊지 않았다. 임원들과 부족했던 점들을 논의하며 미처 생각하지 못했던 부분들에 대한 아쉬움이 남기도 했다. 무엇보다 인구유동성을 고려하여 장소를 선정했다면 더욱 많은 사람들이 참여할 수 있었을 텐데 안타까웠다. 또한 지역 학생회와 함께한다면 좀 더 규모가 큰 행사가 될 수 있을 것이라 생각했다.

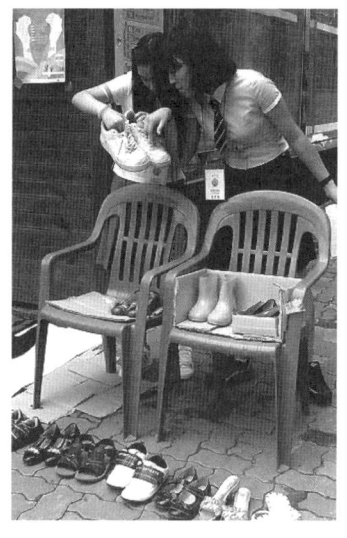

회의 시 결정했던 대로 남은 물품들은 아름다운재단에 기부했다. 또한 바자회에서 모은 수익금은 미혼모지원센터, 아름다운재단, 나눔의집 등의 후보 중 임원 투표를 통해 나눔의집에 전달하기로 결정하고 전액 기부하였다. 많은 금액은 아니었지만 액수는 중요한 게 아니었다.(나눔의집은 일제에 의해 성적 희생을 강요당한 일본군 '위안부'할머님들이 모여 살고 계시는 삶의 터전이다.)

우리들의 작은 배려가 모여 이웃과의 아름다운 동행을 가능하게 해준 시간이었다.

나눔의 집 홈페이지 http://www.nanum.org/

[별지 제63호의 3서식]

기부금(물품) 영수증   (2010-049)

1. 기부자

법인명 (단체)	대한학생회	주민등록번호 (사업자등록번호)	
주 소			

2. 기부처

법인명	대한불교조계종 사회복지법인 나눔의집	주민등록번호 (사업자등록번호)	126-89-02436
주 소	경기도 광주시 퇴촌면 원당리 65번지		

3. 기부금 모집처(언론기관 등)

4. 기부내용

유형	코드	년월일	적 요	금 액
기부	10	2010. 8. 30	현금	500,000
			총계	500,000

법인세법 제24조, 조세특례제한법 제73조·제76조의 규정에 의한 기부금을 위와 같이 기부하였음을 증명하여 주시기 바랍니다.

2010 년 8 월 30 일

신청인 대한학생회 (서명 또는 인)

위와 같이 기부금을 기부하였음을 증명합니다.

2010 사회복지법인 대한불교조계종
나눔의집
기부금 수령인 나눔의집 (직인)

유형, 코드 : 「법인세법」 제24조제2항 사업자등록번호 : 126-89-02436
　　　　　　「조세특례제한법」 제76조 위 464-84-0020)
　　　　　　「조세특례제한법」 제73조 경기도 광주시 퇴촌면 원당리 65-번지
　　　　　　　　　　　　　　　　　　TEL:(031)768-0064,FAX:(031)768-0814
　　　　　　「조세특례제한법」 제73조제1항제1호 기부금(코드 60),
　　　　　　「조세특례제한법」 제73조제2항 기부금(코드 70)
　　　　　　「법인세법」 제 24조 제1항 기부금(지정기부금 코드 40),
　　　　　　기타기부금 (코드 50)

미래는 과거를 지배하는 자의 몫이다
― 경술국치 100년, 그 아픔을 되새기다

너의 소원이 무엇이냐고 하느님께서 물으신다면, 나는 서슴지 않고 "내 소원은 오직 대한독립이오." 하고 대답할 것이다.
그다음 소원이 무엇이냐고 하고 물으시면 나는 또 "우리나라의 독립이오." 할 것이요, 또 그다음 소원이 무엇이냐고 하고 세 번째 물으셔도 나는 더욱 소리를 높여 "내 소원은 우리나라 대한의 완전한 자주독립이오"하고 대답할 것이다.

― 김구(金九, 1875~1949)

내가 죽은 뒤에 나의 **뼈**를 하얼빈 공원 옆에 묻어두었다가 나라를 되찾거든 고국으로 옮겨다오. 나는 천국에 가서도 마땅히 우리나라의 독립을 위해 힘쓸 것이다.
대한독립의 소리가 천국에 들려오면 나는 마땅히 춤추며 만세를 부를 것이다.

― 안중근(安重根, 1879~1910)

나는 대한 사람이다, 나라를 위해 독립만세를 부르는 것도 죄가 되느냐.
나라에 바칠 목숨이 오직 하나밖에 없는 것만이 이 소녀의 유일한 슬픔입니다.

― 유관순(柳寬順, 1902~1920)

나라를 되찾기 위해 목숨을 바친 독립 운동가들께서 남기신 말씀이다. 우리 역사의 한 페이지이기에 그 어떤 대사와 비교되지 않는 가슴 저린 말들이다. 그 당시로 돌아간다면 나는 조국을 위해 목숨 바칠 수 있을지 생각해 본다. 우리들에게 국가나 민족은 어떤

의미일까? 망국의 슬픔이나 주권을 잃어버린 국민의 설움은 또 무엇일까? 쉽사리 정답을 내리긴 어려우나 조국은 목숨 바쳐 지켜야 하는 존재임이 분명하다.

2010년은 크고 작은 일들이 참 많았던 한 해이다. 2010년 밴쿠버 동계올림픽에서 김연아 선수가 피겨스케이팅 세계신기록을 세우며 금메달을 획득했고 G20 제5차 정기회의가 대한민국 수도 서울에서 개최됐다. 이 밖에도 천안함 침몰사건 연평도 폭침 등이 있었다. 그리고 또 한 가지 우리가 기억하여야 할 일은 1910년 8월 29일, 국권을 상실한 치욕의 날로부터 정확히 100년이 지난 해였다는 것이다.

우리는 한강의 기적이라 불릴 만큼 엄청난 경제 발전을 이루었고 G20 정상회의 의장국을 할 정도의 영향력 있는 국가가 되었다. 이러한 노력의 결과들은 더 큰 대한민국으로 우뚝 서는 밑거름이 될 것이다. 하지만 100년 전의 국치를 극복하고자 노력했던 선조들을 기억하며 미래의 역사에 대한 책임을 스스로 짊어져야 함을 잊지 않아야겠다. 특히 우리 젊은 세대들은 지나간 역사에 관심을 갖고 아픈 역사를 과거로만 남겨두어서는 안 될 것이다.

경술국치, 그로부터 백 년의 세월이 흘렀다. 죽음 앞에서도 조국의 독립을 위해 목숨 바치신 선조들의 뜻을 기리며 국가의 의미를 다시 한 번 생각하는 시간을 갖고자 행사를 기획했다. 어디에서

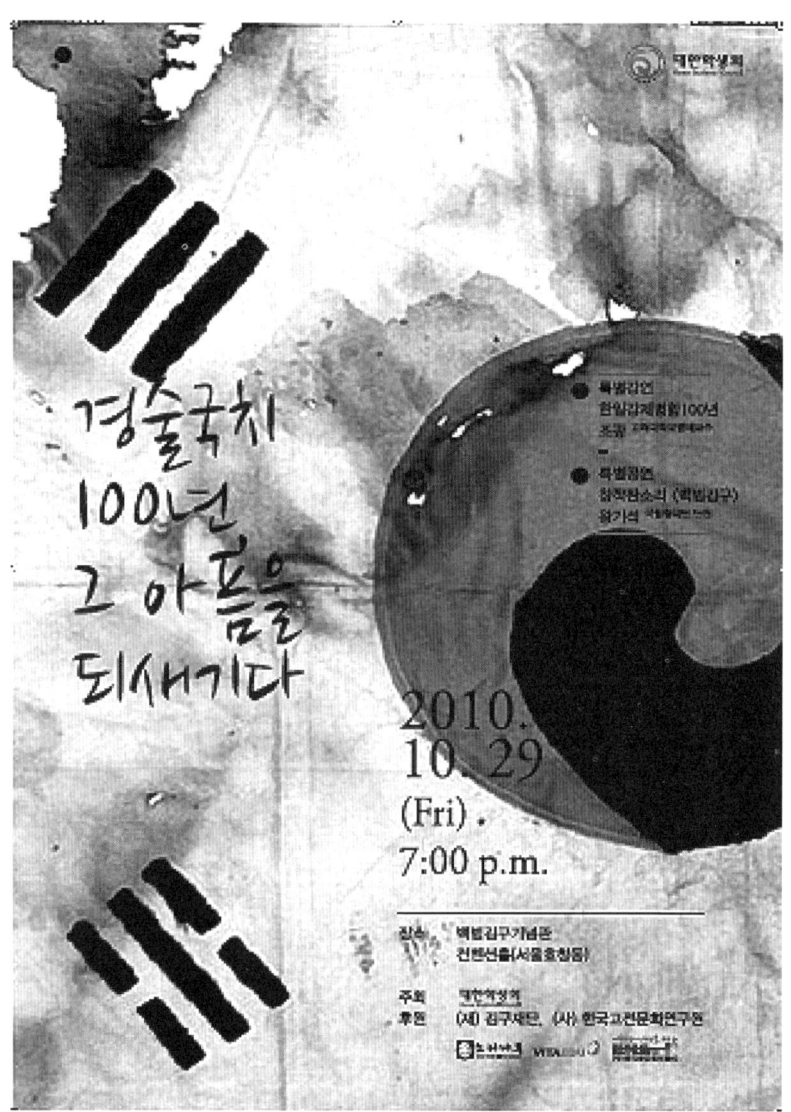

행사를 진행하면 좋을지 고민하던 중 효창공원 옆에 백범김구기념관이 있다는 사실을 알게 되었다. 규정상 외부 단체에게 장소 대여가 불가하다는 것을 알고 있었지만 조금이라도 의미를 두고자 맨땅에 헤딩하는 심정으로 백범기념관에 연락을 했다. 우려와 달리 김호연 이사장님께서 행사 취지와 목적을 듣곤 흔쾌히 장소 대여를 승낙해 주신 덕분에 일의 절반은 해결된 듯이 기뻤다. 아픈 역사에 관한 학생들의 올바른 가치관 정립을 기대하며 반겨주셨다.

'경술국치 100년, 그 아픔을 되새기다'라는 행사 명칭하에 관련 UCC 제작 및 시연, '한·일 강제 병합 100년' 역사 강연, 창작 판소리〈백범 김구〉관람 등의 프로그램을 기획했다. 행사 당일 300여 석의 자리가 모두 채워질까 노심초사 발만 동동 구르고 있었는데 이게 웬일인가? 어느새 300석을 훌쩍 채우고 자리가 부족해 추가로 접이의자를 배치해야 했다.

행사는 1부와 2부로 나눠 진행하였다. 임원들이 직접 제작한 경술국치 관련 UCC 상영과 함께 1부가 시작되었다. 일본군 위안부, 독립운동가 관련 동영상을 총 30여 분에 걸쳐 상영했다. 위안부 관련 동영상에선 당시의 상황을 담은 사진 자료, 수요 집회 및 위안부 할머니 인터뷰 영상, 할머니들이 아픔을 담아 직접 그리신 그림 등을 바탕으로 제작되었다. 할머님의 인터뷰 영상 중 "이제 얼마 안 남았어. 우리 다 죽고 나면 아무도 기억 못할까 봐 걱정뒤어"라는 부분에서 나도 모르게 울컥했다. 아픈 역사에 너무나 무관

심했던 건 아니었는지, 과연 슬퍼하며 눈물 흘릴 자격은 있는지, 이런저런 생각이 머릿속에서 떠나질 않았다.

　UCC 상영 후 전 한일역사공동연구위원회 위원장을 역임하였고 현재 한국고전문화연구원장으로 계시는 조광 박사님의 '한·일 강제 병합 100년'이라는 주제의 강연을 들었다. 원장님께서는 미래에 대한 전망 능력은 과거에 대한 지식에 비례한다고 말씀하시며 이 같은 말을 하는 이유는 지나간 과거가 죽은 과거로 남지 아니하고 미래를 이해하며 그 방향을 설정하는 데에 중요한 지침을 주고 있기 때문이라고 하셨다. 역사를 안다는 것은 실제론 죽었지만 살아 있는 사람을 만나는 일이며 그들의 지혜를 빌려 미래를 함께 설계해 나가는 일이라고 말씀하셨다.

　강연을 들으며 선조들께서 만드신 역사를 '죽은 과거'로 기억되지 않기 위한 우리들의 노력이 필요하다는 생각이 다시금 들었다. 아픈 기억인 '죽은 과거'를 과거 자체로 남기지 않고, 오늘을 반성하며 이를 토대로 미래를 열어가려는 의미 있는 작업이 필요하다. 그에 따라 젊은 우리들에게는 할 일들이 많다. 억압을 헤치고 자유를 지키는 일, 불의에 맞서 정의를 세우는 일, 거짓을 거부하고 진리를 밝히려는 노력은 젊음의 의무인 것이다.

강연 종료와 함께 1부 행사를 마치고 잠시 휴식 시간을 가진 후 2부 행사를 진행했다. 2부에선 〈백범 김구〉창작 판소리를 관람했다. 〈백범 김구〉는 ≪백범일지≫를 바탕으로 백범 선생님의 일대기를 소리로 형상화한 것이다. 그 어느 때보다 혼신의 힘을 다해 열창하시는 아버지의 모습을 보자 다시 한 번 아버지의 아들인 것이 너무나 자랑스러웠다. 아버지의 창작 판소리 공연이 끝난 후 국립 창극단 단원분들과 함께 현임 임원 모두 〈남누리 북누리〉, 〈우리가 원하는 우리나라〉를 열창했다. 음정도 불안하고 서툴렀지만 그 어떤 무대보다 진실되고 감동적이었다.

역사에서 배우지 못하는 민족에게는 미래가 없다고 한다. 미래는 과거를 지배하는 자의 몫이다. 과거는 곧 기억이다. 어떤 기억을 누가 결정하느냐에 따라 미래의 향방이 결정된다고 해도 과언이 아니다. 때문에 우린 역사를 공부하는 것이며, 100년 전 일제에 의해 행해진 경술국치의 치욕과 슬픔을 되새겨야 할 이유가 바로 이러한 맥락에 있는 것이다. 우리가 기억해야 할 것을 놓치지 않을 때 우린 비로소 당당해질 수 있을 것이다.

> 답설야중거(踏雪野中去) 눈 덮인 들판을 걸어갈 때,
> 불수호난행(不須胡亂行) 함부로 어지러이 걷지 마라.
> 금일아행적(今日我行跡) 오늘 네가 걸은 그 길은
> 수작후인정(遂作後人程) 훗날 뒷사람의 이정표가 되리니.

백범 선생님께서 어려울 때마다 즐겨 쓰셨던 서산대사의 선시 한 구절이다.

오늘 우리의 발걸음 하나하나가 훗날 누군가의 소중한 이정표가 될 것이다. 작건 크건 새겨진 발자국의 크기는 중요하지 않다. 얼마나 선명하게 우리의 경험과 기억을 남기느냐가 중요한 것이다. 오늘의 작은 경험들조차 결코 가벼이 여기거나 잊지 않아야 할 것이다.

낭중지추囊中之錐, 새롭게 해석된 그날의 기억
― 제7회 전국고교학생회장 토론회 및 리더십 연수

낭중지추囊中之錐

주머니 속에 있는 송곳이란 뜻으로, 재능이 아주 빼어난 사람은 숨어 있어도 저절로 남의 눈에 드러난다는 비유적 의미이다.

대한학생회 현임 회장으로서 진행한 마지막 행사인 제7회 전국고교학생회장 토론회 및 리더십 연수를 통해 囊中之錐(낭중지추)라는 고사성어가 새로운 뜻을 담고 다가왔다. 현임으로 함께한 150명의 학생회장들은 저마다의 리더십과 뛰어난 능력을 가지고 있었다. 어딜 가나 빛날 수 있는 '낭중지추'들이다. 하지만 자칫 조직이라는 주머니가 송곳으로 상처받지 않도록 하는 역할도 중요하다고 생각했다. 즉, '추'가 아닌 '낭'도 중요하다는 것이다. 본인의 뛰어난 재능도 중요하지만 이를 적절히 보호해주고 품을 수 있는 사람도 필요하다는 뜻이다. 때론 바늘과 같은 사람이, 때론 주머니와 같은 사람이 되고 싶다.

1년 전, 6기 선배님들과 함께 준비한 6회 토론회 및 리더십 연수가 예비배움터였다면 7회 토론회 및 리더십 연수는 실전무대였다. 물론 1년 전 행사 때도 힘든 일, 어려운 일이 많았지만 6기 선배님들이 계신다는 사실만으로도 왠지 모르게 안심이 되었다. 하지만 이번엔 일선에 나서서 단체의 대표로서 7기 70명, 8기 80명 총 150명의 현임 임원을 이끌어야 하는 입장이 된 것이다. 직접 앞장서서

부딪치고 깨지는 것을 몸소 체험할 순간이 온 것이다.

  단단히 마음먹은 보호막이 상처를 입는 순간은 생각보다 일찍 다가왔다. 토론회 및 리더십 연수에서 기존의 프로그램 외에도 학생들을 위한 다양한 프로그램을 추가시키자는 현임들 의견이 나왔다. 그중 논의를 통해 학생회 우수사례에 관한 토의회, 인권조례에 관한 교육정책 간담회, 멘토링 프로그램 등을 추가하자는 의견이 채택되었다. 하지만 현임들 사이에서도 과연 기존의 프로그램을 진행하면서 세 가지 프로그램을 추가로 진행하는 것에 대해 일정상 무리가 없을지에 대한 걱정이 많았다. 이와 관련해서 행사를 수차례 진행해 오신 선배님들의 우려도 컸다. 기존의 프로그램을 완벽하게 진행하는 것도 쉬운 일이 아닌데 규모가 있는 프로그램을 세 개씩이나 추가시킨다고 하니 걱정되었던 것이다.

  겉으론 잘해낼 수 있다며 자신 있게 말하고 동기들과 현임들을 다독였지만 사실 이 시기가 행사를 준비하면서 가장 힘들었던 것 같다. 행사를 준비하는 현임들뿐만 아니라 참가자와 선배님들까지 모두 만족스러운 행사가 되어야 할 텐데 자칫 과유불급의 행사가 되어버리진 않을까 걱정이 많았다. 아마 이 시기에 10년은 늙었던 것 같다. 아직도 실제 나이가 얼굴 나이를 따라가지 못한다고들 한다.

  이번 행사도 역시나 장소 및 장관상 후원이 가장 힘들었다. 장소 후원은 7기 김솔지 임원 도움으로 인천광역시와 접촉할 수 있었

다. 인천광역시청의 교육정책과를 직접 방문해 행사 취지를 설명하고 후원을 부탁드렸다. 또한 인천시에서 관리하고 있는 인천대학교와도 연계하여 숙식 후원을 부탁드렸다.

예산 및 행사 시기 문제로 다소 어려움이 있었지만 다행히도 인천광역시와 인천대학교의 후원을 약속받게 되었다. 송영길 인천광역시장님의 리더십 강연과 인천 교육청 교육위원님들의 교육정책 간담회를 들을 수 있는 기회도 얻게 되었다. 고생 끝에 낙이 온다는 옛말은 틀린 것이 하나 없다. 8기 임원 중 한 명이 교육과학기술부 홈페이지 게시판에 행사 관련 후원을 위해 올린 글을 교육과학기술부 이주호 장관님께서 보시고 직접 연락을 주셨다. 장관상 후원과 더불어 리더십 강연도 해주겠다고 말씀하셨다. 큰 수확이었다. 또한 얼마 지나지 않아 나머지 3개 부문(통일부, 보건복지부, 여성가족부)의 장관상 후원도 확정되었다.

처음 걱정과 우려는 지나쳤다는 듯 모든 프로그램과 후원이 완료되는 걸 보며 설령 실패하더라도 도전조차 하지 않았다면 정말 많이 후회했을 거라는 생각이 들었다. 일사천리로 행사 준비가 진행되고 드디어 행사 당일이 되었다. 이미 1년 전에 한 번 경험해 봤기 때문에 전반적인 진행 상황에 관해선 인지하고 있었지만 새로 추가된 행사 프로그램 등으로 인해 한순간도 긴장의 끈을 놓을 수가 없었다.

첫째 날 송영길 인천광역시장님의 리더십 연수와 토의회가 진행되었다. 송영길 인천광역시장님께선 'Design Your Life'라는 문구를 제시하며 본인의 삶을 스스로 설계해야 함을 강조하셨다. 삶에서 주체의식을 가지지 못하면 수동적인 삶을 살게 될 것이라며 주체적인 삶을 강조하셨다.

처음 시도해 보는 토의회에 대한 걱정은 학생들의 발표가 진행되는 걸 보며 뿌듯함으로 바뀌었다. 본인들의 모교에서 실시한 학생회 우수사례들을 공유하고 이를 바탕으로 미래 사례를 반나절만의 준비를 통해 즉석에서 표현해내는 걸 보며 다들 정말 대단하다는 생각이 들었다. 고등학교 학생회장 시절로 돌아간다면 모티브를 얻어 학교 상황에 맞게 시행해보고 싶은 사례들이 꽤나 많았다. 학교에서 요구하는 의무적인 규율이나 활동 외에도 학생회 자

치적으로 실행할 수 있는 번뜩이는 아이디어들이 많았다. 타 학교의 우수사례들을 본인의 학교 상황에 맞게 적용한다면 학생회 발전에 큰 도움이 될 것이다. 지역 내 학생회 연합이 활성화되어 각 학교 학생회 간의 교류의 기회가 늘어날 수 있는 자리가 많아졌으면 하는 바람이다. 기존 리더십 강연에 새로 추가된 토의회 및 멘토링 프로그램을 진행한 첫날 빠듯한 일정으로 인해 여러모로 힘든 점이 많았다. 역시나 처음이라는 상황에 완벽이라는 단어가 어울리긴 힘들었다.

  첫째 날 일정을 모두 마치고 현임 임원들이 모여 간단한 피드백을 진행했다. 피드백을 마치고 8기 임원들을 물린 후 7기 동기들끼리의 시간을 가졌다. 현임 마지막 행사 멋지게 마무리하고 싶은데 생각보다 안 되는 부분들이 있다며 몇몇 동기들이 닭똥 같은 눈물을 흘렸다. 그걸 보고 있자니 감정이 흔들려 울컥했다. 염소마냥 떨리는 목소리로 동기들에게 말했다. 우리 조금만 더 힘내자고, 지금까지 잘해 왔으니 이번에도 역시나 누구보다 멋지게 해낼 수 있을 거라고. 8기들에게 벅찬 감동이라는 마지막 선물을 해주자고. 현역으로서 진행하는 마지막 행사라는 걸 굳이 말하지 않아도 모두 느꼈던 걸까. 그날 밤 동기들 눈가가 유난히 촉촉해 보인 건 기분 탓만은 아니었던 것 같다.

토론회 I 스피치 발표와 함께 둘째 날 일정이 시작되었다. 기존의 경험을 바탕으로 토론회를 순조롭게 진행할 수 있었다. 토론회 II까지 일정을 마친 후 이주호 교육과학기술부 장관님의 리더십 강연을 들을 수 있었다. 강연 30분 전 장관님을 직접 만나 뵙고 현 정부 및 학교의 교육정책에 관한 내용을 비롯하여 조금은 가벼운 담소도 나눌 수 있었다.

장관님께선 리더의 가장 중요한 덕목 중 하나가 '경청'이라며 이를 중점으로 강연을 진행하셨다. 커뮤니케이션은 말하는 것이 아니라 듣는 것이라며 상대방의 말에 진정성 있게 몰입하고, 본인의 주장을 조리 있게 펼쳐나가는 가운데 서로 간의 간격을 대화로 좁혀나가는 긍정적 성과를 체험할 수 있다며 그 중요성을 강조하셨다.

'리더십도 시대에 따라 유행이 있다.'는 말이 있듯 좋은 리더의 모습은 시대에 따라 변화되어 왔다. 물론 정황과 시대에 부합되는 리더십이 강조될 수는 있지만 리더십에는 우열이 없다. 과거 인품이 좋은 리더, 처세술에 능하고 보스의 기질을 지닌 리더가 각광받았으나 오늘날은 구성원들에게 길을 찾아주는 리더, 보다 높은 자리나 힘 있는 자리에만 연연하지 않는 리더가 각광받는 시대인 것 같다. 리더는 타고나는 사람이 아니라 교육을 통해 길러지는 사람이라고 한다. 누구든 정형화된 틀을 벗어나 리더십의 여러 유형 중 자신에게 잘 맞는 한 가지 장점만을 잘 살려도 충분히 훌륭한 리더가 될 수 있다.

셋째 날 인천광역시 교육청 관계자분들과의 인권조례에 관한 교육정책간담회까지 계획대로 잘 진행되며 성황리에 행사를 마무리할 수 있었다. 행사를 마치고 뒷정리까지 한 후 모두 모인 자리에서 고생 많았다며 서로를 다독였다. 현임 마지막 행사라는 생각에 다시 한 번 눈시울이 붉어졌다. 아마 스무 살이 되고 나서 가장 많이 눈물 흘린 날이 아닐까 싶다.

잘했던 일보다 못했던 일, 아쉬웠던 일이 유독 많이 생각난다. 현임으로 다시 돌아가게 된다면 '경술국치 100년, 그 아픔을 되새기다'와 같은 일회성 행사 이외에도 정기적인 헌혈 운동이나 학생 참여 캠페인 등의 행사를 해보고 싶다.

언제나 마지막은 아쉽고 슬픈 것 같다. 하지만 끝이 있기에 시작도 있는 것이므로 분명 명예임원이 되고 나서도 각자의 자리에서 충분히 밝게 빛날 것임을 믿어 의심치 않았다. 명예임원으로 현역 못지않은 소명의식을 가지고 대한학생회의 명성을 드높이는 데 한 치의 소홀함 없이 살아갈 것이다.

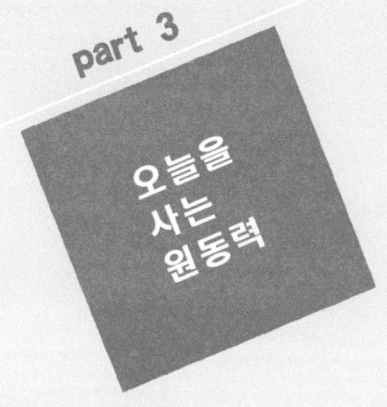

part 3

오늘을
사는
원동력

1인 2역의 스물한 살
임플라트한 사자 구경 오세요
시골 촌놈이 출세했네
OLE 올래? 올래가 맺어준 인연
누구를 위한 격리인가?
오늘을 사는 원동력

Part3 프롤로그

1인 2역의 스물한 살
— 한양대학교 재학생 홍보대사

    최민식, 송강호, 하정우. 이름만 들어도 '연기 잘하는 배우'라는 이미지가 머릿속에 곧바로 떠오른다. 연기를 잘하는 배우들은 그 어떤 배역이라도 순식간에 몰입한다. 전 작품과 상반된 배역이라도 보는 이들로 하여금 기존의 이미지를 떠올리게 하지 않고 작품에 완전히 몰입하게 만들어 준다. 물론 연기의 어려움에 비할 바는 아니지만 나한테도 이런 경험을 할 수 있는 기회가 있었다.
    대학 입학 후 1학년 2학기 중간고사를 마무리하는 시점이었다. 단과대 앞을 지나고 있는데 그림 같은 눈, 코, 입 조화로 여심을 단번에 사로잡을 것만 같은 엄청난 외모를 가진 남자분께서 뭔가를 들고 다가오셨다. 처음엔 연극영화과에서 작품 발표회 안내물을 나눠주는 줄 알았다. 강렬한 눈빛을 보내며 내 손에 책자 하나를 쥐어주시더니 "한 번 지원해 보세요."라는 말을 남기고 홀연히 떠나갔다.

책자를 보니 입학처 소속으로서 대내외적으로 학교 홍보 활동을 하는 '사랑한대' 소개와 함께 신입 기수를 모집한다는 내용이 적혀있었다. 홍보책자를 나눠주신 분의 우월한 본새

에 자신감을 상실하고 '과연 나도 뽑힐 수 있을까?'라는 의구심이 들었지만 밑져야 본전이라는 생각으로 지원서를 써내려가기 시작했다.

지원서 제출 후 1주일 정도 흘렀을까? 1차 서류 전형에 합격했다는 메일을 받게 되었다. 그 후 덜컥 2차 면접도 통과하고 최종 면접까지 가게 되었다. 마지막 면접까지 보게 되자 첫 지원할 때 가졌던 '밑져야 본전이지.'하는 마음은 '이왕 여기까지 왔으니 제대로 준비해서 꼭 붙어야겠다.'는 마음으로 바뀌었다.

최종 면접 날이었다. 미리 준비해갔던 명찰을 가슴에 달고 당당하게 면접에 임했다. 면접을 담당하셨던 입학처 팀장님께서 "준호

군은 고등학교 학생회장에다가 학생회장들 중에 회장도 했는데 홍보대사가 되면 단장 아닌 일반 단원 역할도 잘할 수 있겠어요?"라는 질문을 하셨다.

대학교 1학년을 마치고 바로 지원했기 때문에 뽑히게 되면 단원들 중에 가장 어린 나이였다. 1, 2학년만 지원할 수 있었지만 군대에 다녀와 복학한 2학년 형들과는 나이 차이가 꽤 날 수밖에 없었다. 자연스레 연장자가 단장을 하는 '사랑한대'의 전통에 따라 난 막내이자 조력자의 역할을 해야 하는데 앞에서 이끄는 역할을 주로 해왔던 내가 조력자의 역할을 잘할 수 있을지 걱정이 되셨던 것 같다.

"리더 역할을 해봤기 때문에 이번엔 팔로워의 역할도 해보고 싶습니다. 구성원이 어떻게 행동해야 리더가 큰 힘을 얻게 되는지 리더 역할을 경험하며 느낀 점이 많았기에 막내 역할, 조력자 역할을 잘할 자신 있습니다."라고 질문에 대답했다.

무슨 용기였는지는 모르겠으나 간절한 마음을 표현하기 위해 면접이 끝난 후 면접관님들께 판소리 한 대목을 해도 되겠냐고 여쭈었다. 허락을 받고 ≪춘향가≫에 나오는 〈사랑가〉 한 대목을 약간 개사해서 불렀다. "사랑 사랑 사랑 내 사랑이야~사랑이로구나~내 사랑한대야~" 면접을 마치고 나오자 안내를 도와주시던 당시 현임 기수 '사랑한대' 여성 단원분께서 웃으며 말씀하셨다. "판소리 잘 들었어요. 준비 많이 하셨네요. 좋은 결과 있길 바랄게요. 만약 합

격하면 좀 더 길게 들을 수 있는 거죠?"

멋쩍은 웃음으로 화답했으나 밀려오는 민망함은 어찌할 도리가 없었다.

그럴듯한 답변 덕분이었는지 실력보단 패기 넘쳤던 〈사랑가〉 덕분이었는지는 모르겠으나 한양대학교 홍보대사 '사랑한대'로 뽑혔다는 영광스런 통보를 받게 되었다. 예상대로 홍보대사 단원들 중 나이가 제일 어렸다. 면접 때 막내 역할을 잘할 수 있다고 호언장담했지만 대한학생회 회장 임기 말과 겹쳤기 때문에 사실 처음 한두 달 정도는 생각보다 적응하기가 힘이 들었다. 단체에서 앞장서서 의견을 내고 임원들을 이끄는 입장인데 '사랑한대'에선 단장님을 도우는 단원이자 막내의 역할을 해야 했기 때문이다.

딱히 어렵거나 대단한 노력이 요구되는 역할은 아니었지만 기존 리더의 성향이 나도 모르게 몸에 배어 있어 혼자서 흠칫 하는 경우가 많았다. 예를 들면 주간회의를 할 때 단장님을 비롯한 형, 누나들에게 "이건 어떻게 생각해?", "이런 식으로 하면 좀 더 좋지 않을까?" 등의 의견 개진을 적극적으로 하곤 했다. 물론 의사표현을 당당하게 하는 것이 잘못된 일은 아니지만 조직이니만큼 단장님의 역할을 자칫 방해한 것은 아닌지 미안한 마음이 들었다. 넘치지도 부족하지도 않게 정도를 지키는 것이 이렇게 힘든 일인 줄 몰랐다.

그러다 결국 사건이 하나 터졌다. 발단은 이러했다. 주간 정기회의 후 뒤풀이를 하던 자리에서 나보다 나이가 한 살 많던 여자 동기와 나보다 세 살 위인 둘째 형이 다투게 된 것이다. 웬만하면 뒤풀이에 빠짐없이 참석하는 나였지만 그날따라 하필 급한 일정이 생겨 그 자리에 함께하지 못한 나로서는 형들에게 다음날 이야기를 전해들을 수밖에 없었다. 사건의 전말을 들어보니 화가 치밀기 시작했다.

"이준영, 박세준, 왕준호, 니네 남자들 때문에 '사랑한대' 하는 거 진짜 힘들어. 정말 짜증난다."

흥분한 여자 동기가 격양된 말투로 말했다.

"왕준호는 단장도 아닌데 가끔 본인이 단장인 것처럼 행동할 때가 있어서 솔직히 불쾌해. 얼마 전 캠퍼스 투어 때도 그래. 물론 내가 늦은 건 잘못했지만 그 자리에서 오빠랑 언니들도 있는데 나

보고 정색하면서 대놓고 잘 좀 하자고 한 건 너무하는 것 아니야?"

이외 형들에게도 이런저런 불만을 토로했다고 한다. 솔직히 이 이야기를 전해 듣고 울화통이 터졌다. 열이 받을 대로 받았다. 단지 나에 대한 불만보단 반말로 형들의 이름을 부르는 등 도무지 나로선 이해가 가지 않는 부분이 많았다. 잘못한 일을 지적하는데 무슨 불만이 그리 많은지 도리어 염치없는 것 아니냐며 형들에게 울분을 토했다. 나는 이번 일은 그냥 넘어가선 안 된다고 말하며 그간의 전적을 보아 더 이상 문제 생기기 전에 단원 직을 그만두게 해야 한다고 주장했다. 물론 더욱 오버해서 말했던 건 사실이다. 형들도 분명 화가 나 있었을 터이기에 막내인 내가 더욱 화를 내야 형들 기분이 그나마 좀 풀리지 않을까 생각했다. 내가 화가 난 상황에 누군가 나를 대신해 더 분노해주면 괜히 내 화가 좀 누그러들게 되는 것처럼 말이다. 형들은 뭐 이런 일 저런 일 있을 수 있지 않겠냐며 나를 다독였다. 특히나 단장 형의 말이 아직도 기억에 남는다.

"준호야, 세상엔 정말 다양한 사람들이 있다. 형도 네 나이 때는 옳고 그름, 이 두 가지 기준으로 사람을 판단하곤 했었다. 근데 시간이 지나고 나이가 먹다 보니 그게 다가 아니더라. 내가 옳다고 여기는 가치관들이 누군가에겐 그릇된 가치일 수 있듯 나의 가치관들을 존중받기 위해선 상대방을 먼저 존중하고 이해할 줄 아는 미덕이 중요하다는 걸 느꼈다. 옳고 그름은 그다음에 바로잡아도 늦지 않더라. 그때 비로소 네가 한 단계 더 성장할 수 있게 될 거야. 너는 리더 역할도 많이 해봤으니 형이 하는 말이 무슨 의미인지 금방 이해할 수 있을 거다."

참 많은 생각이 들었다. 내가 한 행동들의 옳고 그름도 중요하지만 더 나아가 그에 도달하는 과정, 접근 방식의 변화가 필요하다고 느꼈다. 아닌 게 아니라 하루이틀 시간이 지나자 흥분한 마음이 조금 진정되고 다시 한 번 상황을 객관적으로 돌아보게 되는 것이었다. 되려 내가 정말 서운하게 했던 부분은 없었는지 나름의 힘든 점이 있었을 텐데 너무 나의 시각에서만 바라본 것은 아닌지 이런저런 생각이 들었다. 앞서 지적당한 것처럼 대한학생회 회장을 지냈던 성향이 남아 있어 나도 모르는 사이 남들을 이끌려 하지는 않았는지 뒤돌아보게 되었다. 시간의 필요성과 사안의 객관화가 얼마나 중요한 것인지 알게 된 것이다. 이내 생각을 고쳐먹고 적응해가기 위해 노력했다. 대한학생회에선 회장 왕준호의 역할이 있는 것이고 '사랑한대'에선 막내 왕준호의 역할이 있는 것이니 어느 것 하나 내가 아닌 것이 없고 둘 다 나의 모습이라고 생각하니 한결 마음이 편해졌다. 어떠한 틀에 나 스스로를 가두지 않기 위해 노력했다. '나는 이래야 해. 이게 나지.' 자신이 어떤 사람인지 미리 단정하고 행동하는 것이 마냥 좋은 것만은 아니라는 걸 느꼈다. 이렇게 생각하고 행동하니 동기들과의 관계에서도 훨씬 원활할 수 있었고 나 스스로에게도 한결 여유가 생기게 되었다.

임플란트한 사자 구경 오세요
— 캠퍼스 투어 진행

"저기 한양대학교 상징 동물인 사자상 보이시죠? 뭐 특이한 점 없나요? 사자 이빨이 유독 새것처럼 깨끗하지 않나요? 그 이유는 사자상의 이빨을 갈아서 마시면 고시를 비롯한 그 어떤 어려운 시험에도 단번에 합격할 수 있다는 학교 전설로 인해 종종 학우들이 탐하는 경우가 있어 임플란트를 해서 그렇답니다."

믿거나 말거나 재미있는 학교 속설로 캠퍼스 투어가 시작된다. 우리 학교는 매월 두 번째, 네 번째 토요일마다 홈페이지 신청을 통해 개인 캠퍼스투어를 진행한다. 또한 학교 단위로 요청이 있을 때 실시되어지는 단체 캠퍼스투어도 수시로 이뤄진다.

1년 동안 홍보대사를 하며 매주 두 번 이상은 캠퍼스 투어를 진

행했던 것 같다. 서울에 있는 학생들뿐만 아니라 전국 각지의 맛깔 나는 사투리를 장착한 학생들도 많이 만나볼 수 있었다. 동영상 및 PPT자료를 통해 한양대학교를 소개한 후 교내 주요 건물을 돌며 한 시간가량의 캠퍼스 투어가 진행된다. 한창 궁금증이 많을 시기인 아이들과 대학생활에 관련된 내용뿐 아니라 연애 스토리와 같은 지극히 개인사를 비롯한 이야기까지 하게 된다. 각양각색의 교복을 입은 학생들과 캠퍼스 투어를 진행할 때면 마치 고등학교 시절로 돌아간 듯한 기분이 들고 아이들을 보면 절로 미소가 지어지는 경우가 많다. 몇 살처럼 보이냐는 질문에 아이들은 약속이라도 한 것마냥 "음~26세이거나 27세? 맞죠?"라며 대답한다. 아이들 눈은 정확하다는 말에 두 번 무너져내리지만 이내 평정심을 되찾으며 21세라고 대답하면 반대로 아이들이 평정심을 잃게 된다. 장난치지 말라며 어린아이들 속여서 뭐하시려고 그러냐며 격분하는데 사실 그 모습마저 귀여워 보인다. 한편으론 사실 나도 아이들과 몇 살 차이 나지 않는데 이 친구들 앞에서 어른인 척, 선배인 척 행동하려 하지는 않았는지 반성하게 된다. 단복을 입고 구두를 신고 앞장서서 걸으면 나도 모르게 아이들에게 멋져 보이고 싶다는 생

각과 함께 어깨에 힘이 들어간다. 그러다 보면 본연의 나의 모습을 보여주는 것도 진솔한 대화를 나누는 것도 힘들게 된다. 사실 내가 뭐 대단한 사람도 아닌데 왜 그렇게 아이들에게 멋있게 보여야 한다는 강박관념에 사로잡혀 있었는지 모르겠다.

또한 아이들이 가지고 있는 생각과 고민들을 들으며 내 고등학교 시절을 회상하기도 한다. '나도 저 시기에 저런 고민을 했었는데, 아이들도 다들 비슷한 고민을 하는구나.' 속으로 생각하게 된다. 사실 지금 와서 보면 별거 아닌 일들이지만 그 시기엔 결코 별거 아닌 게 아니라는 걸 너무나도 잘 안다. 그렇기 때문에 "너무 걱정하지 마. 지나고 보면 별거 아니야."라며 어른인 것마냥 아이

들을 다독이며 위로하고 싶지는 않았다. 원래 본인이 처해 있는 상황에서 느끼는 힘듦이 가장 크게 느껴지는 건 당연한 것 아닌가. 시간이 지나면 갖게 될 조금은 성숙된 마음을 그 친구들에게 미리 강요하고 싶지는 않았다. 나 역시 지금은 별거 아니라고 생각되는 일들을 그 당시엔 죽어라 힘들어하고 아파해봤기에 이제는 힘든 걸 견딜 수 있는 내성이 좀 더 단단해질 수 있었다고 생각한다.

아직도 종종 캠퍼스 투어를 하던 때가 그립다. 구두를 신고 경사진 캠퍼스를 돌아보는 것이 힘들긴 하지만 아이들의 목표와 꿈을 들을 때면 괜히 내 마음까지 풍족해지곤 했다. 그 당시 우린 한양대학교 캠퍼스라는 같은 길을 걷고 있었지만 함께 걷는 아이들은 저마다 꿈꾸는 길이 있었다. 캠퍼스 투어를 마친 후 종종 아이들에게서 연락이 온다. "저도 형처럼 한양대학교 입학해서 꼭 홍보대사까지 할 겁니다. 그때까지 학교에 계셔야 돼요." "오빠, 저 한양대학교 입학하면 맛난 거 많이 사주셔야 돼요. 저 입학하면 지갑 안 들고 다닐 거예요."

캠퍼스투어를 할 때면 아이들의 꿈, 나를 통해 가진 목표들의 무게감이 발걸음을 더욱 함차게 해주었다.

시골 촌놈이 출세했네
— 홈페이지 및 홍보책자 촬영

"시골 촌놈이 출세했네."

부모님께서 학교 홈페이지 메인에 나온 내 사진을 보고 처음 하신 말씀이다.

홍보대사를 하며 홈페이지 사진이나 홍보 동영상을 찍을 수 있는 기회가 많았다. 잘생기지도 않은 얼굴이 카메라의 힘으로 원판보다 멋지게 나와 기분이 좋았던 적이 한두 번이 아니었다. 아직까지 홈페이지나 책자에 나오는 내 사진을 볼 때면 뿌듯하기도 하다. 물론 이 때문에 마냥 웃지만은 못할 에피소드들이 생기기도 했다. 홈페이지 메인에 사진이 올라간 지 얼마 지나지 않은 날이었다. 교양수업 교수님께서 수업 시작 전 앞자리에 앉은 나에게 말씀을

건네셨다. "어디서 많이 본 것 같은데 왜 이렇게 얼굴이 익숙하지? 혹시 홈페이지에 나오는 학생 아니에요?"

당황할 수밖에 없었다. 설마 알아보실 줄은 몰랐는데. 그것도 200명이나 되는 대강의실이었기에 시선이 더욱 집중되었다. 들릴 듯 말 듯한 개미만 한 목소리로 교수님께 대답했다.

"네. 교수님 맞습니다."

"어쩐지~ 낯이 익더라니까." 마이크를 통해 울려 퍼지는 교수님의 혼잣말과 함께 수업이 시작되었다. 그 후 잠이 몰려와도 허벅지를 꼬집으며 필사적으로 잠을 쫓았고 최대한 바른 자세로 수업에 임하려고 노력했다. 누군가 나를 알아본다는 사실에 기쁘기도 했지만 반면에 행실을 잘못하면 홍보대사 이미지에 먹칠을 하게 될 것이라는 생각에 어깨가 무거웠다. 이러한 압박감과 부담감이 항상 부정적인 영향을 미치는 것은 아니다. 절제와 자제를 가능하게 한다. 고등학교 시절 학생회장을 하며 타의 모범이 되어야 한다는 선생님들과 학생들의 시선은 결과적으로 나에겐 꽤나 큰 도움이 되었다. 나태해지고 게을러지고 편리함과 타협하고 싶은 순간이면 이러한 시선들이 마음을 다잡게 해주었다. '이렇게까지 해야 하나?'라는 생각도 종종 들었지만 인내와 절제력을 함양하는 데 이보다 좋은 약은 없었다. 물론 일탈도 했다. 담도 넘고 야간자율학습을 빠지기도 했다. 하지만 담을 두 번 넘고 싶은 걸 한 번만 넘고 야간자율학습을 세 시간 빠지고 싶은 걸 한 시간만 빠지는 등 '모범'이라는 단어에 한 걸음 더 다가갈 수 있는 노력을 가능케 해주었다.

　처음 홍보대사 촬영을 할 때는 어색한 미소 때문에 고생을 많이 했다. 어렸을 적, 사진을 찍을 때면 제발 억지 미소 좀 짓지 말라고 하시던 아버지의 말씀을 생각해보면 내 미소 콤플렉스는 생각보다 오래전에 시작된 것 같다. 촬영 전날엔 거울을 보며 밝게 웃는 연습도 해봤지만 막상 촬영이 시작되면 또다시 어색한 미소가 지어졌다. 별 어려움 없이 자연스럽게 웃는 다른 홍보대사의 미소를 빌릴 수만 있다면 잠시 빌리고 싶은 마음이 들 정도였다. 지금 생각해보면 동기였던 두 형들이 다들 너무 잘생겨서 더욱 부담이 되었던 것 같기도 하다. 애써 무덤덤하게 내 촬영 컨셉은 도도와 시크라며 주변 사람들의 실소를 자아내기도 했다. 오히려 나는 웃는 모습보단 컨셉 촬영이 더욱 편했었다. 예를 들면 교내 엘리베이터 안에서 상영되는 홍보영상을 찍기

위해 상징 동물인 비둘기를 따라한 적이 있었다. 양손으로 부리와 꼬리를 만들며 "구구구구" 소리 내는 것이 가만히 서서 웃는 것보다 훨씬 수월했다. 물론 그 후 엘리베이터 안에서 홍보영상이 나올 때면 창피해서 나도 모르게 고개를 푹 숙이곤 했다. 하지만 뭐든 하다 보면 는다고 했던가. 몇 번 촬영을 해보니 웃는 것도 나만의 노하우가 생기고 한결 여유로울 수 있었다.

촬영을 할 때마다 드는 생각이지만 제일 잘 나왔다고 느끼는 건 웃는 모습이다. 웃고 있는 모습을 보면 절로 기분이 좋아지면서 또다시 사진이 찍고 싶어진다. 사진도 여러 장 찍다 보면 그중에 한두 장은 잘 나오게 되어 있는 것처럼 여러 번 웃다 보면 실제로 웃게 될 일도 그만큼 많이 생기게 되는 것 같다.

OLE 올래? 올래가 맺어준 인연
— 한양대학교 Ole 캠프

'한양대학교 Ole 캠프', 명칭에서 바로 알 수 있듯 한양대학교에 관심 있거나 진학을 희망하는 학생들을 대상으로 진행하는 '사랑한대'의 가장 큰 연간 행사 중 하나이다. 1년에 총 두 번 여름방학과 겨울방학에 당일 행사로 진행되는 이 캠프는 캠퍼스투어를 비롯해 교수님 초청강연, 한양 골든벨, 응원단 공연, 레크리에이션 등의 다양한 프로그램으로 구성되어 있다.

전국 각지에서 온 학교와 나이가 모두 다른 아이들은 처음엔 어색해하지만 프로그램을 진행하다 보면 금방 가까워진다. 조를 나누어 학생들과 온종일 함께하며 궁금해하는 것에 답변해주고 고민 상담도 해주다 보면 어느새 정도 많이 든다. 무엇보다 내가 소속된

학교에 대한 애교심과 자부심으로 가슴 벅차곤 했다. 나의 설명을 통해 누군가가 내가 속해 있는 곳에 대한 긍정적인 이미지를 가지게 된다면 그 사실만으로도 참 뿌듯하다. 캠프를 마칠 때면 참가한 학생들도 행사를 진행한 홍보대사들도 아쉬움에 쉽사리 자리를 뜨지 못한다. Ole 캠프 일정 중 하나였던 경영대 교수님의 강연 내용이 문뜩 떠오른다.

"여러분 우리나라에서 가장 좋은 대학교가 어딜까요?"라고 학생들에게 물으셨다. 대부분의 학생들은 "서울대학교요."라며 대답한다. 개중에 눈치 빠른 몇몇 학생들은 "한양대학교요."라고 대답한다. 그러자 교수님께서 "우리나라에서 제일 좋은 대학교는 한양대학교입니다. 왜냐구요? 그건 바로 제가 이 학교에 있기 때문이죠."

교수님의 말씀을 농담으로 받아들인 아이들은 가벼운 미소를 지었다. 이내 교수님께선 말씀을 이어가셨다. "만약 제가 서울대학교에 있으면 서울대가 제일 좋은 학교일 테고 제가 그 외의 다른 학교에 있었다면 그곳이 제일 좋은 학교일 겁니다."

"제가 '지금' 있는 곳이 이곳이라는 사실이 중요한 겁니다. 현재 본인이 있는 곳을 최고라고 생각하며 자부심을 가지십시오. 그렇게 마음먹고 당당히 행동하다 보면 좀 더 멋진 '나'를 발견할 수 있을 것입니다." 교수님의 말씀이 끝나자 나도 모르게 아이들과 함께 일제히 박수를 쳤다.

홍보대사에서 막내이자 분위기 띄우는 역할을 담당하고 있는 나는 마지막 일정인 레크리에이션을 진행할 때 사회를 봤다. 2011년 겨울 Ole캠프에서는 미모의 선배님과 함께 드라마 〈시크릿 가든〉을 패러디했었고 2012년 여름에는 〈최고의 사랑〉이라는 드라마를 패러디했었다. 현빈과 실루엣이나마 비슷해 보이기 위해 이태리 장인이 한 땀 한 땀 만들었다는 옷을 직접 동대문시장에 가서 사 입었고 차승원과 수염이라도 닮기 위해 직접 '소'모양의 수염 분장을 하기도 했다. 막상 무대에 등장할 때면 아이들에게 거부감을 준 것 같아 미안하기도 했지만 최대한 재밌게 진행하려고 노력했다. 다행히 반응이 좋아 나의 모든 만행을 용서받을 수 있었다.

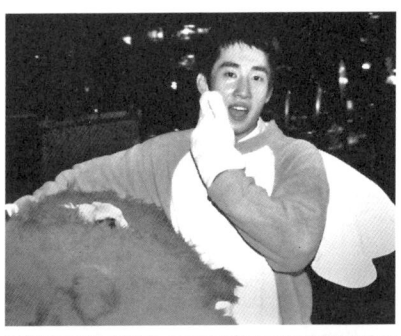

이외에도 기억에 남는 일들이 많다. 그중에서도 가장 기억에 남는 일은 2011년 겨울 Ole캠프의 모든 일정이 끝난 후이다. 한 여학생이 찾아오더니 "한양대학

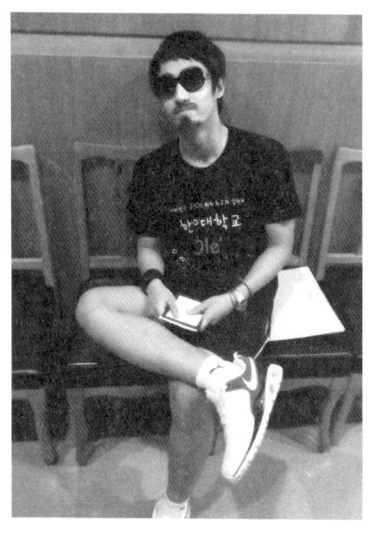
교에 꼭 오고 싶어졌어요. 저도 입학사정관제로 사회과학부에 입학하고 싶은데 어떻게 준비해야 할까요?"라는 질문을 했다. 이를 시작으로 그 후에도 정기적으로 연락을 주고받으며 궁금한 점에 대해 상담해주었다. 그러던 어느 날 이었다. 입시 기간에 정신이 없어 연락이 뜸해져 잠시 잊고 있던 그 친구에게 한 통의 문자를 받게 되었다.

'오빠, 저 한양대학교 입학사정관 전형으로 사회과학부 합격했어요.'

그 순간 내가 합격한 것마냥 감정이 벅차올랐다. 정말 이루 말할 수 없는 뿌듯함이 밀려왔다. 감사하다는 그 친구의 말에 오히려 내가 더 감사했다. 끝까지 포기하지 않고 열심히 준비해 후배가 되어줘서 고맙다고 했다.

그리고 시간이 지나 2013년 여름, 그 친구가 '사랑한대' Ole 캠프 스텝으로 일을 진행한다는 소식을 전해 듣게 되었다. 기분이 참 묘했다. 불과 1년여 전만 해도 고등학생이었던 그 친구가 어느덧 대학생이 되어 내가 했던 역할을 하고 있다는 사실이 마냥 신기했다. 나에겐 그냥 스쳐지나가는 말 혹은 별 의미 없는 말이었을지도 모르나 누군가에겐 꿈과 목표를 갖게 하는 계기가 될 수 있겠다는 생각을 하게 되었다. 지금 내 앞에 있는 사람과 상황, 그 순간순간에 나의 진심을 실어야 함을 난 그 친구를 통해 배웠다. 인연의 소중함을 새삼 느끼게 된다.

누구를 위한 격리인가?

— 한양 슈즈 프로그램(Shoes program) : 장봉도 혜림원에 다녀와서

'한양 슈즈 프로그램(Shoes program)'은 수시 1차 최종 합격한 예비 한양인들이 주축이 된 봉사 활동 행사다. 이 행사는 이름에서처럼 '소외 계층의 발이 되어 돕는다.'는 의미를 지니고 있다. 합격의 기쁨에서만 그치지 않고 이를 통해 우리 대학의 건학이념인 '사랑의 실천'을 예비 한양인들이 미리 느껴 볼 수 있게 한다는 취지다. 봉사 활동은 '정장구두', '운동화', '샌들', '등산화', '랜드로바'로 이름 붙여진 5개 소그룹으로 나뉘어 진행되었다. 한양 사회 봉사단, 입학사정관 전형 합격생, 재학생 홍보대사 등이 각각 한 팀씩 맡아 프로그램을 진행했다. 정장구두 팀은 시립 동부노인전문요양센터의 할머니, 할아버지를 찾아뵈었고 운동화 팀은 창기중학교

학생들과 합숙하며 학습 도우미, 캠프파이어 등 다양한 활동을 펼쳤다. 등산화 팀은 '밥퍼다일공동체'와 함께 청량리 지역 독거노인들을 방문했고 랜드로바 팀은 안산 다문화센터에서 다문화 가정 어린이들과 시화호 생태체험, 우리 탈 만들기 등을 함께하며 행복한 시간을 보냈다. 마지막으로 우리 '사랑한대' 홍보대사가 담당했던 샌들 팀은 인천 장봉도 혜림원의 장애우분들을 찾아갔다.

우리 팀은 Shoes 프로그램 일주일 전 장봉도를 방문해 사전답사를 했다. 이곳저곳 둘러보며 학생들과 진행해야 할 프로그램을 점검하고 유의 사항을 미리 숙지했다. 무엇보다 장봉도는 일반적인 곳과는 조금 달랐기에 우리들의 배려와 따뜻한 마음이 우선시되어야 함을 잊지 않으려고 노력했다. 장봉도에서의 1박 2일은 비단 학생들뿐만 아니라 우리 홍보대사들에게도 참 많은 것을 느끼게 해준 시간이었다. 정신지체로 인해 전화기를 붙잡고 놓지 않는 분, 몸이 불편해 온종일 가만히 누워계실 수밖에 없는 분 등 다양한 장애를 가지신 분들을 보며 건강하다는 것이 얼마나 감사한 것인지 절실히 느꼈다.

장애우분들과 함께 식사를 준비하고 이야기도 나누며 조금 더디긴 했지만 서로를 이해하고 다가가려고 노력했다. 저녁 식사 콘테스트를 하던 도중 채소를 씻기 위해 나와 나이가 같은 장애우 친구 한 명과 화장실로 향했다. 앞장서던 그 친구는 슬리퍼를 거꾸로 신은 채 채소를 씻기 시작했다. 아무렇지도 않게 해맑게 웃는 모습을 보며 기분이 이상했다. 우리는 스스로 정해놓은 정답 속에서 모든 걸 가둬 버리고 사는 건 아닌지 모르겠다는 생각이 들었다. 그 친구에게는 거꾸로 슬리퍼를 신은 것이 전혀 불편해 보이지 않았다. 신발을 거꾸로 신는 것이 틀린 게 아니라 그것을 바라보는 사람들의 불편한 시각이 잘못된 건지도 모른다는 생각이 들었다. 사람들의 시선의 변화가 필요하지 않을까? 우리는 그들을 완전히 다른 세계 사람들로 분류하고선 그들이 좀 더 편리하게 지낼 수 있는 곳을 마련해 주고 필요한 물품을 전달한다. 그러나 이것이 과연 진정한 배려일까? 이러한 시선과 행동이 힘 있는 자들의 자기만족은 아닌지, 혹은 우리 스스로를 위한 배려는 아닌지 생각해보아야 한다.

 식사가 끝난 후 산책을 나가기 위해 문 앞을 나서는데 몸이 불편한 한 친구가 갑자기 신발장 앞에 멈춰섰다. 그리곤 그 문을 열더니 정말 하얗고 깨끗한 신발 한 켤레를 나한테 보여주는 것이었다. 나는 천천히 그리고 또박또박 잘 알아들을 수 있도록 물었다.
 "이거 누구 신발이에요? 진짜 멋진데."
 그러자 손가락으로 본인을 가리키며 어눌한 말투로 대답했다.
 "히히 내 거, 내 신발이야 내 거."
 얼마나 오래 신었는지 너덜너덜하게 닳아버린 신발을 보고 난 다시 되물었다.
 "여기 신발장 안에 있는 새 신발 깨끗하고 좋은데 그럼 이거 신으면 되는데 왜 그걸 신어요? 이 새 신발 잘 어울릴 거 같은데."

그러자 그 친구는 정말 환하게 웃으며 말했다.

"안 돼, 안 돼 이거 조금 있다가. 엄마 보러 갈 때. 밖에 나가면. 엄마 볼 때 신어."

그랬다. 이곳 분들도 설이나 추석과 같은 특별한 날에 가끔 가족을 보러 섬 밖으로 나가곤 하는데 그때 깨끗한 신발을 신기 위해 아껴두는 것이었다. 나도 모르게 울컥했다. 그 해맑은 웃음에 난 왜 같이 환하게 웃어주지 못했는지, 아니 억지 미소밖에 지을 수 없었는지. 마음이 아팠다. 그들도 우리와 같았다. 어머니, 가족을 보고 싶어하고 그리워하며 생각만 해도 설레는 그날을 기다리는 나와 같은 이웃이라는 것을. 우리가 좀 더 배려하고 도와줘야 하는 사람들임에는 분명하다. 그러나 진정으로 우리가 해줄 수 있는 배려는 무엇일까. 불편한 사람들을 좀 더 편리하게 살아갈 수 있도록 이 사회와 격리시키는 것이 진짜 배려일까? 아니면 우리와 같은 공간 속에서 따뜻한 눈길로 그들을 한 번 더 이해하고 도움의 손길을 내미는 것이 진정한 배려일까? 그 순간 어릴 적 읽은 책 한 권이 뇌리에 스쳤다. 이청준 작가의 ≪당신들의 천국≫. 마지막 페이지를 넘기고도 한참을 고민해서야 이해가 되던 내용이 이곳에 다시 펼쳐진 것만 같았다. 여기가 과연 천국일까? 그렇다면 도대체 '당신'은 누구일까? 우리들의 천국이 아닌 당신들의 천국에 머무른다면 결코 천국은 건설되어지지 않을 것이란 생각이 들었다. 그들에게 만들어 주고자 하는 천국, 격리를 통한 배려가 오히려 우리만의 천국을 만들려 하는 것은 아닐까? 미셸 푸코의 ≪감시와 처벌≫에 나오는 감옥이 우리가 만들어낸 천국일지도 모른다는 무서운 생각이 들었다. 누군가의 감시와 관리를 용이하게 하기 위해 만든 감옥과 같지는 않을까? 인간의 가치와 존엄성을 다시 한 번 생각해 보아야 한다. 경계선과 울타리가 없는 우리들의 천국을 만들어야 할 것이다.

마지막 날 일정을 모두 마치고 학교로 돌아가기 위해 버스에 오르고 있을 때였다. 함께한 장애우분들이 자원봉사를 하시는 선생님들의 도움을 받아 배웅을 나왔다. 한 장애우분께서 내 손을 잡더니 정확하지 않은 발음으로 말하셨다.

"어제 다쉬 와."

언제 다시 올 거냐고 물으신 것이다. 조만간 다시 오겠다는 대답을 쉽사리 하지 못했다. 아니 할 수가 없었다. 전날 혜림원 지도선생님께서 하신 말씀이 생각나서였다.

"일정 모두 마치고 떠날 때 혹시라도 장애우분들이 언제 또 올 거냐고 질문할 수도 있어요. 그때 조만간 다시 오겠다는 등의 지키지 못할 말은 하지 않아주셨으면 해요. 정말로 기다리시거든요. 그리고 언제 오냐고 매일 물으세요. 그냥 솔직히 대답해 주시는 게 나을 것 같아요."

혹여나 예의상 내뱉은 대답에 상처받을 수도 있겠다는 생각이 들자 한숨이 나왔다. 겉으론 아무 말도 할 수 없었지만 속으론 굳게 다짐했다. 반드시 이곳에 꼭 다시 오겠다고.

오늘을 사는 원동력
— New Lion King Festival

한양대학교 합격생들을 대상으로 입학 전 진행되는 행사인 New Lion King Festival은 단어에서 알 수 있듯 새로운 아기 사자들이 되는 신입생을 환영하는 자리이다. 나도 입학 전 이 행사에 참석했었는데 이때 비로소 '아 내가 이제 진짜 이 학교 학생이 되는구나.' 하는 생각을 했었다. 총장님 말씀을 비롯하여 학교 소개, 동문 축전 영상, 모교 연예인 공연 등이 진행된다.

오늘은 홍보대사로서 길 안내와 장내정리 및 행사 전반에 관한 진행에 투입되었는데 운이 좋게 축하 공연 연예인 대기실 통제를 맡았다. 혹시 여자 연예인이 말을 걸더라도 난 결코 평정심을 잃지 않겠다고 동기들에게 호언장담했다. 남자 연예인이 대기실로 들어

올 때는 진짜 경호원마냥 냉철한 표정을 유지했지만 여자 연예인이 대기실로 들어올 땐 나도 모르게 입가에 미소가 지어지고 없던 눈웃음까지 만들어 발사하게 되었다. 특히나 인기 여 그룹 브라운 아이드 걸스와 씨스타의 등장에 무방비 상태로 감정선이 요동치기 시작했다. 나도 어쩔 수 없는 건강한 대한민국 남성이라는 걸 절감한 순간이었다.

연예인 축하 공연을 끝으로 행사를 모두 마친 후 집으로 돌아가는 신입생들의 표정은 분명 행사 시작 전과는 달리 뿌듯함과 설렘으로 가득 차 보였다. 간절히 바라던 어딘가에 새롭게 소속되어질 때의 기분은 이루 말할 수 없을 것이다. 언제나 새로운 곳에서의 새 출발은 새 가방을 메고 학교에 처음 등교할 때의 기분처럼 가슴 설레게 하며 새로운 세계에 대한 항해에 가슴 벅찰 것이다.

이 밖에 입시설명회 지원, SBS생방송 1억 퀴즈쇼 출연, 《중앙일보》 '공부의 신' 지원, 스튜디오 프로필 촬영 등 홍보대사를 하며 잊지 못할 추억들을 많이 쌓게 되었다. '사랑한대' 활동을 하며 힘든 순간도 많았지만 대학생활 중 가장 의미 있던 순간들이 아니었나 생각된다. 고등학생들을 대상으로 하는 행사에 비해 재학생 대상으로 하는 행사가 비교적 적었던 점이 아쉽다. 개인적으로는 홍보대사 활동을 열심히 한답시고 학업에 소홀했던 것이 마음에 걸린다. 학업에도 열중하며 홍보대사 활동도 잘했다면 금상첨화였을 텐데 하는 아쉬움이 많이 남는다. 중요하다고 생각되는 일에 집중하다 보면 다른 일에는 비교적 소홀하게 되는 성격도 조금은 고쳐야겠다는 다짐도 했다.

앞으로 또 어떤 시간들이 나에게 주어질지 모른다.

누구나 좋은 추억을 만들기 위해 살아갈 것이다. 과거의 기억은 시간이 지나면 조금씩 변하게 된다. 어제의 슬픈 기억이 몇 년 뒤 행복한 기억으로 변할 수도, 혹은 그 반대일 수도 있다. 하지만 한 가지 확실한 건 그게 행복한 기억이건 불행한 기억이건 별로 중요치 않다고 생각한다. 어느 하나 값지지 않은 추억은 없을 테니까. 잊지 못할 소중한 추억을 가졌다는 건 내일의 추억이 될 오늘을 살아가는 원동력이지 않을까 생각된다.

글을 마치며

    2012년 8월 30일. 길었던 장마의 끝자락, 그 마지막을 알리는 듯 했다. 쉴 새 없이 퍼붓던 빗줄기와 함께 나의 스물 둘 짧지만 강렬했던 세달 동안의 뜨거운 연애도 끝이 났다. 만남을 시작할 즈음 갔던 카페는 이별을 말하는 공간으로 바뀌었고 그렇게 우린 헤어졌다. 카페에서 나와 그 어느 때보다 구슬픈 눈빛으로 마지막 인사를 건넨 후 우산을 꾹 눌러쓴 채 터벅터벅 빗속을 걷기 시작했다. 한 번 터져 나온 눈물은 멈출 줄 몰랐다. 오히려 비가 와서 다행이었다. 눈물로 범벅이 된 얼굴을 우산으로 가릴 수 있다는 사실이 감사할 정도였다. 길에서 엄마를 잃고 집을 찾지 못하는 아이처럼 펑펑 울었다. 그렇게 나는 한 사람과 헤어졌다. 이별을 통해 연애는 끝이 났지만 그로 인해 난 수 없이 많은 시간을 아파하고 고민했다. 그리고 스스로 다짐했다. 다음 만남에선 어떤 부분을 더 조심할지 그리고 무엇을 더 노력해야 관계를 잘 이어나갈 수 있을지에 대해서. 결국 끝났지만 끝이 아니었다. 물론 이러한 다짐과 노력들로 새로 시작할 만남이 더욱 아름답고 긍정적인 관계를 유지해나갈 수 있을 것이라는 장담을 할 수는 없다. 그렇지만 분명한 건 내 삶의 중요한 부분을 뉘우치고 다짐하면서 계속 채워

나가고 있었다. 만남과 이별, 시작과 끝을 반복해 가면서.

이 페이지가 지금 쓰고 있는 책의 마지막 장이 될 것이지만 나의 책 쓰기도 계속 될 것이다. 이번 작업을 통해 삶은 저마다의 책을 쓰는 과정이라는 것을 알게 되었다. 어떤 내용으로 인생을 채워나갈지를 두고 고민할 수 있는 좋은 시간이었다. 처음 가진 의욕에 비해 부족한 내용과 필력은 수도 없이 나를 한숨짓게 했다. 내용이 빈약하다는 건 더 열심히 살아야 한다는 반증이다. 이 책을 계기로 새롭게 확인될 부끄러움과 쏟아 질 많은 질타가 회환과 아쉬움을 동반하며 나를 찾아 올 것이다. 생각만 해도 가슴이 뛴다. 기다려진다. 하나도 놓치지 않고 겸허하게 받아들일 것이다. 삶은 책 쓰기이다. 정성을 다해 일구어 가는 하루하루가 빛나는 책의 한 페이지가 될 것임을 확신하며 뜨겁게 살고자 한다.

꽃이다, 꽂히다
왕준호

인쇄 2014년 04월 17일
발행 2014년 04월 22일

지은이 왕준호
발행인 서정환
펴낸곳 신아출판사
주소 전북 전주시 완산구 공북 1길 16(태평동 151-30)
전화 (063) 275-4000 · 0484 · 6374
팩스 (063) 274-3131
이메일 shina2347@naver.com   sina321@hanmail.net
출판등록 제465-1984-000004호
인쇄 · 제본 신아출판사

저작권자 ⓒ 2014, 왕준호
이 책의 저작권은 저자에게 있습니다. 서면에 의한 저자의 허락없이 내용의 일부를 인용하거나 발췌하는 것을 금합니다.
COPYRIGHT ⓒ 2014, by Junho
All right reserved including the rights of reproduction in whole or un part un any form.
저자와 협의, 인지는 생략합니다.
잘못된 책은 바꿔 드립니다.

ISBN 979-11-5605-072-8 03810
값 13,000원

> 이 도서의 국립중앙도서관 출판시도서목록(CIP)은 서지정보유통지원시스템 홈페이지(http://seoji.nl.go.kr)와 국가자료공동목록시스템(http://www.nl.go.kr/kolisnet)에서 이용하실 수 있습니다.(CIP제어번호: CIP2014012009)

Printed in KOREA